Ingrid Noll

# Gruß aus der Küche

ROMAN

Diogenes

Covermotiv: Gemälde von Einar Jolin,
›Model in a pink blouse‹, 1919 (Ausschnitt)

Foto: Bukowskis

Mit besonderer Genehmigung für den
Ausschnitt reproduziert

Der Diogenes Verlag wird vom Bundesamt für Kultur
für die Jahre 2021–2024 unterstützt


www.diogenes.ch
500/24/44/1
ISBN 978 3 257 07277 8

*Für meine Enkelkinder*
*Mira, Ruben, Jakob*
*und Mathilda*

# Inhalt

I

# Nudeldicke Dirn

Leider hatte ich von Haus aus keine Gelegenheit gehabt, eine Fremdsprache zu erlernen. Ein wenig Englisch in der Hauptschule, das war alles. Aber ich hole auf und finde es spannend, hin und wieder mit einem Ausländer ins Gespräch zu kommen und meinen Wortschatz um ein paar Ausdrücke zu erweitern, auch mein Lebensmensch, der hochgebildete Josch, liebt es, mich zu belehren. Als Köchin hat man es sowieso mit Begriffen aus der französischen Küche zu tun, so dass mir diese Sprache fast ein wenig vertraut vorkommt. Meine Ausbildung habe ich schließlich im *Badischen Hof* absolviert und dort nicht nur die bürgerliche, sondern auch die gehobene Gastronomie von der Pike auf erlernt.

Als ich den kleinen Gasthof meines hessischen Heimatortes übernehmen konnte, wollte ich den traditionellen Namen *Zum Hirschen* auf keinen Fall beibehalten, denn ich war dort durch das jahrelange Braten von Jägerschnitzeln zur Vegetarierin geworden. Mein Chef hatte wenig Wert auf eine raffinierte Zubereitung gelegt. »Salzen, salzen, salzen« hieß sein Motto, denn am Durst der Gäste war mehr zu verdienen als an der Schlachtplatte.

Josch meinte, man könne den altbekannten Namen des Lokals mit einem einzigen Wort modernisieren, nämlich: *Zum vegetarischen Hirschen*, denn der König des Waldes sei schließlich seinerseits kein Fleischfresser.

Aber ich nannte den Gasthof nach der Übergabe *Aubergine*. Anfangs war mir gar nicht bewusst, dass es bereits mehrere berühmte Restaurants mit diesem Namen gab. Erst als Josch mich aufklärte, wollte ich etwas ganz Besonderes aus meinem Laden machen und beschränkte mich nicht nur auf fleischlose Küche, sondern überraschte die Kundschaft sowohl mit exotischen als auch traditionellen oder selbsterfundenen Gemüsegerichten. Vegetarische *Moussaka* stand nun an erster Stelle auf meiner kleinen Speisekarte, wahrscheinlich nicht zur Freude der griechischen Konkurrenz. Fast ebenso beliebt wie die fleischlose Moussaka war meine italienische *Parmigiana*. Nach und nach probierte ich die unterschiedlichsten Auberginenrezepte aus, denn man kann dieses Gemüse grillen, braten, überbacken, panieren, schnitzeln, auf türkische Art füllen, mit Mozzarella verfeinern oder als Creme pürieren. Schon bald standen bei mir die asiatischen Eierfrüchte auf Platz eins der Speisekarte, wenn auch zur Abwechslung unter anderen Namen wie etwa *Eggplants* oder *Melanzane*. Grundsätzlich lehne ich es aber ab, pflanzliche Produkte durch spezielle Formgebung in Würste und Steaks zu verwandeln. Falsche Schnitzel als optischer Ersatz sind mir genauso suspekt wie magere Köche.

Fast gleichzeitig kam mir die Idee, mich passend zum namensgebenden Gemüse einzukleiden. Ich kaufte also mehrere übergroße violette Arbeitskittel und ließ mir dazu passende Kappen mit grünen Kelchblättern aus Filz anfertigen, die ich allerdings nur im Restaurant und nicht in der Küche aufsetze. Es steht mir gut, ein wenig sehe ich wie eine Märchenfigur in einem Trickfilm aus. Eines Tages taufte mich ein kanadischer Student *Humpty Dumpty*, weil er fand, ich gleiche trotz meiner Verkleidung eher einem lila Ei als einer Aubergine. Ich tat so, als würde ich es mit Humor nehmen, denn eigentlich war es kein Kompliment, auf meine fehlende Taille anzuspielen; aber da meine anderen Gäste das englische Kindergedicht nicht kannten, geriet dieser Spitzname rasch wieder in Vergessenheit. Als mich einmal eine junge Mutter mit verschwörerischem

Lächeln fragte, wann es denn so weit sei, hätte ich sie erwürgen können. Schon in meiner Schulzeit wurde mein Name »Krugel« in »Kugel« umgewandelt, selbst mein Grundschullehrer sagte schon mal *Irma Kugel* zu mir. Früher kam er jeden Samstag mit Gitarre und Blockflöte in mein Lokal, dabei sang er wie schon vor dreißig Jahren das saublöde Lied für Erstklässler: *Spannenlanger Hansel, nudeldicke Dirn.* Ich weiß, dass er dabei sowohl mich als auch den groß gewachsenen Josch verarschen wollte. Leider amüsierten sich meine Gäste köstlich über seine Gesangseinlagen. Deswegen ließ ich ihn gewähren, auch wenn er mit Trinkgeldern geizte und noch nie etwas anderes als Kartoffelgratin bestellt hatte, den ich nur samstags anbiete. Als Beilage verlangte er immer eine Extraportion geriebenen Parmesan; meine wunderbaren Auberginen wollte er gar nicht erst probieren. Trotz allem machte ich aber gute Miene zum bösen Spiel. Josch lachte über solche Empfindlichkeiten, denn er fand es anfangs nicht weiter schlimm, als langer Lulatsch oder spannenlanger Hansel bezeichnet zu werden. *Nudeldick* ist dagegen wenig schmeichelhaft und auch unpassend, denn bei mir gibt es Pasta hauptsächlich für die Kinderteller.

Nach der Neueröffnung und Neubenennung war die traditionelle Kundschaft leider oder zum Glück ausgeblieben, denn die früheren Stammtischgäste wollten nicht auf ihre gewohnten Fleischberge verzichten. Es kam jedoch nicht zu einer ruinösen Überschuldung, denn es stellten sich bald völlig andere Gäste ein, allerdings keine hippen Jungunternehmer. Es sind Teenager, Vegetarier, Grüne, Linke, Künstler, Tierschützer. Unter den wenigen älteren Gästen sind zwei alte Kiffer aus der Nachbarschaft und eine Zeit lang auch der besagte, längst pensionierte Grundschullehrer, der seine Klampfe malträtierte und altmodische Wanderlieder dazu sang. Kurz gesagt, es ist ein buntes und munteres Völkchen, aber vor allem sind es auch viele junge Frauen, die weder Schnaps noch Schweinebraten mögen und sich begeistert auf meine Auberginen stürzen. Ja, die Überzahl attraktiver Mädels macht mein Lokal auch für jene jungen Männer interessant, die sich im Grunde eher für Fußball, Bier und Burger begeistern. Umweltdemonstrationen werden bei mir geplant und hinterher die Erfolge gefeiert. Die einen stoßen mit naturreiner Apfelsaftschorle, Smoothies und Bionade an, die anderen trinken Bier oder Wein, alle riechen nach Knoblauch, die Stimmung ist fröhlich. Reich kann ich mit meinem preiswerten Angebot nicht werden, die

Kundschaft gehört schließlich nicht zu den Millionären, aber darauf kam es mir nie an.

Da der Laden schon bald sehr gut lief, konnte oder musste ich Hilfskräfte einstellen, denn ich war ja hauptsächlich in der Küche beschäftigt. Ohne meine Schulfreundin Nicole würde ich es kaum schaffen, und auch der Gemüsemann war ein zuverlässiger Helfer. Natürlich ist es ein Vorteil, dass meine beliebten Aufläufe schon am Vormittag vorbereitet und in den Stoßzeiten bloß in den Ofen geschoben werden. Die Mikrowelle habe ich ein wenig versteckt, weil es immer wieder Esoteriker gibt, die eine Bestrahlung befürchten und jegliche moderne Technik verteufeln. Manchmal treibt es militante Besserwisser sogar bis ins Allerheiligste, und dort empfehlen sie mir, etwa Algenpulver, Hafermilch, Mandelmus oder Kokoswasser einzusetzen. Grundsätzlich will ich jedoch nicht auf Milchprodukte und Eier verzichten, orthodoxe Veganer werden bei mir nicht glücklich. Ohne mein Betthupferl, nämlich eine ordentliche Portion alter Gouda, könnte ich sowieso nicht einschlafen. Josch, der von Anfang an bei mir kellnert, soll es allerdings nicht mitkriegen, sonst spottet er wieder: »*A moment on the lips, forever on the hips.*«

Übrigens hat Josch über meine spezielle Begabung sehr gestaunt. Ich brauche nämlich keine Uhr. Wenn mich am frühen Morgen mein Schwarzwälder Kuckuck erst einmal angeleiert hat, weiß ich von früh bis spät, was die Stunde geschlagen hat. Das ist beim Kochen und Backen sehr praktisch, weil selbst erfahrene Hausfrauen nicht ohne Küchenwecker auskommen. Natürlich haben moderne Geräte eine Zeitschaltuhr, aber ich benutze sie fast nie. Im Märchen von Frau Holle kann der Ofen sprechen und sagt zur fleißigen Marie: *Ach bitte, hol mein Brot heraus, es ist schon fertig gebacken!* Genauso geht es mir, nur dass es nicht der Backofen ist, sondern der Gemüseauflauf, der mit herrischem Unterton befiehlt: »Zieh mich jetzt raus!« An mir liegt es natürlich, ob ich sofort gehorche. Aber warum sollte ich mich weigern?

Bald hatte es sich herumgesprochen, dass an Samstagen in meiner *Aubergine* oft gesungen wurde, allerdings eher laut als schön. Auch unbegabte, ja sogar äußerst unmusikalische Gäste fühlten sich ermuntert, einer heimlichen Leidenschaft frönen zu können. Angesteckt durch andere Dilettanten, trauten sie sich endlich, mal die Sau rauszulassen – grölten, schmetterten und brummten, was das Zeug hielt. Es kam, wie es kommen musste: Etwas feinsinnigere Besucher blieben an diesem Tag lieber weg, aber neue kamen dazu. Man hatte sich leider angewöhnt, das verhasste Lied als Leitmotiv oder Erkennungsmelodie regelmäßig anzustimmen; natürlich nur mir zu Ehren, wie man allen Ernstes behauptete.

*Spannenlanger Hansel, nudeldicke Dirn!*
*Geh'n wir in den Garten, schütteln wir die Birn'.*
*Schüttel ich die großen, schüttelst du die klein'n,*
*wenn das Säcklein voll ist, gehn wir wieder heim.*

Es war bis in den Keller zu hören, in der Küche gab es sowieso keine Chance zur Flucht. Manchmal hatte ich Lust, laut zu brüllen: »Das Säcklein ist längst voll!«

»Was regst du dich so auf«, sagte Josch. »Singen macht durstig, das ist doch ganz in unserem Sinn!«

»Salzen macht auch durstig, aber für derartig billige Tricks bin ich mir wirklich zu schade! Manchmal überlege ich sogar, ob ich gar keinen Alkohol ausschenken sollte …«

»Dann wären wir schon in wenigen Wochen pleite«, meinte Josch. »Ganz abgesehen davon können mir lustfeindliche Abstinenzler gestohlen bleiben.«

Doch auch er wurde langsam ärgerlich, wenn

man an den Samstagen rief: »Hansel, bring mir noch ein Bier«, oder: »Hansel, bitte zahlen!« Es war augenscheinlich, dass dieser Name stets etwas abwertend eingesetzt wurde. In puncto Berufsehre war Josch nämlich empfindlich, denn er war kein gelernter Kellner, sondern ein Quereinsteiger, der jahrelang studiert und gejobbt hatte sowie viel gereist war, aber seine Arbeit im Restaurant zwar unkonventioneller, doch besser und fröhlicher erledigte als so mancher altgediente Ober.

Am wenigsten gefiel uns aber, dass sich gewisse Unsitten jetzt auch an den Wochentagen ausbreiteten. Es ging leider wieder um das schwachsinnige Lied von der nudeldicken Dirn und dem spannenlangen Hansel, wobei das Verb *hänseln* zu einem *armen Hansel* ja passt. Irgendwie hatten ein paar Stammgäste dafür gesorgt, dass wir den hässlichen Gesang auch ohne Gitarrenbegleitung fast jeden Abend zu hören bekamen und dass man nach »Hansel« rief oder »Frau Kugel« begrüßte.

Und so kam es, dass der besonnene Josch eines Tages überreagierte, als der pensionierte Lehrer bereits zweimal gesungen hatte und mit durchdringender Stimme brüllte: »Hansel, noch ein Bier, aber dalli, dalli!«

Da ich in der Küche arbeitete, konnte ich leider

nicht sehen, wie Josch den gefüllten Maßkrug durchaus nicht aus Versehen über Lehrer, Gitarre und Flöte kippte. Erst durch einen Aufschrei und den hörbaren Tumult im Restaurant wurde ich alarmiert und eilte herbei.

In meiner großen Schadenfreude hätte ich Josch zwar am liebsten auf den Rücken geklopft und *Bravo!* gerufen, musste aber den Schein wahren und mich für das Missgeschick meines Angestellten vielmals entschuldigen. Auf meinen Wink hin brachte Nicole eine Küchenrolle, damit sich der erzürnte Sänger notdürftig abtupfen konnte. Ich wiederum nahm Flöte und Klampfe an mich und versprach, beide Instrumente schonend zu trocknen.

In einer Profiküche gibt es mehr als nur einen Herd, insgesamt sind es bei mir sogar vier unterschiedliche Exemplare. Einer war ausgeschaltet. Ich legte die Gitarre auf die Platten, weil sie noch etwas Restwärme ausstrahlten, die Flöte schob ich in den lauwarmen Ofen, denn ich hatte Besseres zu tun, als die verhassten Folterinstrumente mit Geschirrtüchern abzureiben. Wenn der Lehrer sein frisches Bier ausgetrunken hatte, würde er hoffentlich die Rechnung verlangen und beleidigt das Lokal verlassen. »Geht natürlich aufs Haus«, würde ich sagen und ihm seine getrockneten Lieblinge überreichen.

Ein Psychologe hätte wohl eine Erklärung für meine Fehlleistung, die ich sicher nicht geplant habe, die mir aber mein aufgewühltes Unterbewusstsein suggeriert haben muss. An diesem Samstag ging es besonders stressig zu, nach der Aufregung über das verschüttete Bier schien sich der Appetit meiner Gäste plötzlich zu steigern, zweite und dritte Portionen wurden verlangt, ich wusste kaum, wo mir der Kopf stand. Aus Versehen habe ich wohl den ausgeschalteten Herd wieder angestellt. Als ich endlich den gewohnten Befehl *Hol mich raus!* gleich zweimal vernahm, war die Gitarre gut durchgebraten, während der Holzgeruch der knusprig gerösteten Mollenhauer-Flöte bis in die Gaststube waberte.

»Die Chefin kreiert gerade ein ganz neues Gericht für den Gruß aus der Küche«, beruhigte Josch meine irritierten Gäste.

Mit den Folgen meines Kontrollverlustes kann ich leben. Zwar musste ich den Schaden selbst bezahlen, weil sich meine Versicherung weigerte. Der singende Rentner kam nie mehr wieder. Für Josch und mich war das natürlich ein Triumph, denn das verhasste Lied von der nudeldicken Dirn verschwand schon bald in der Versenkung.

## 2
## Die Kichererbse Lucy

In der zehnten Klasse blieb ich sitzen und hatte von da an keinen Bock mehr, mich noch länger quälen zu lassen. Ich wusste ja, dass die Lehrer nur nach einem Grund suchten, um mich loszuwerden. In Deutsch war ich sogar ziemlich gut und kann mich auch gebildet ausdrücken, aber man stufte mich als mathebehindert ein und brummte mir ein Ungenügend auf. Auch wenn ich im Rechnen scheiße bin, hätte eine Fünf dicke gereicht. Der Direktor hielt meinen Einfluss auf lahme Freizeitkiller für vollpanne, dabei hatte ich nur dafür gesorgt, dass es auf Klassenfahrten oder -partys etwas crazy zuging.

Meine Eltern wollten mich in ein Internat stecken, auch weil sie meine Clique für prollig hielten. Doch ich weigerte mich standhaft. Als Übergangslösung versprach ich, erst einmal einen Job anzunehmen und dabei zu überlegen, wie es mit mir weitergehen sollte. In seinem akademischen Dünkel hoffte mein Vater wahrscheinlich, dass ich von körperlich anstrengenden Arbeiten sicherlich bald die Schnauze voll hätte und reumütig etwas später das Abi machen würde. Aber hier im Restaurant gefällt es mir auf jeden Fall besser als in dieser fucking Schule, ja eigentlich bin ich mega happy.

Das liegt zum Teil an meiner Arbeitgeberin Irma, einer horizontal benachteiligten Person, aber irgendwie sweet und keine Stressbombe wie meine Mutter. Für ein bisschen Nonsens ist sie auch manchmal zu haben. In ihrem violetten Kittel und der freaky Mütze sieht sie ziemlich spooky aus, doch das gefällt mir. Wenn noch keine Gäste da sind, bevorzugt sie aber den Obelixstyle; von Bodyshaming hat sie wohl noch nie gehört. Ich mag keinen Mainstream, keine stylish angezogenen Snobs, aber auch keine Jack-Wolfskin-Muttis.

Hier ist alles anders. Vor allem der Kellner Josch ist hammergeil und reinstes Boyfriend-Material. Seine Stimme ist cremig wie Softeis. Zwischen seinen Augen hat er eine nachdenkliche Falte, die ihn besonders cool aussehen lässt. In seiner Gegenwart bin ich voll on fire und spüre bloß positive Vibes. Ob er manchmal mit Irma schläft, würde ich ganz gern wissen. Die beiden tun sehr vertraut miteinander, aber wohl mehr auf kollegialem Level. Ich konnte noch nie beobachten, dass sie sich umarmen oder sogar küssen. Vielleicht wäre das auch ein Anblick, bei dem ich laut herausplatzen würde, denn er ist lang und dünn, sie dagegen klein und dick. In meiner Klasse nannte man mich die Kichererbse, weil ich mich oft sehr hörbar amüsiere. Es sind vor allem die Pannen meiner Mitmenschen, die bei mir einen Lachanfall auslösen; Freunde macht man sich dadurch allerdings nicht gerade. Einmal rutschte Josch auf verschüttetem Bier aus und knallte mitsamt vollem Tablett auf den Hintern. Ich konnte mich bei diesem jämmerlichen Anblick nicht mehr bremsen, was er mir aber nicht besonders krummnahm. Ich musste bloß die Scherben aufsammeln und den Boden aufwischen.

Irma bezeichnet mich als *Mädchen für alles*. Ich muss Gläser spülen und polieren, aber auch mal servieren, abräumen, Tische decken oder den Müll entsorgen. Da ich flink bin, bleibt immer noch ein bisschen Zeit, um den früh kommenden Gästen den Gruß aus der Küche zu bringen und mit ihnen anzubändeln, Irma hat auch nichts dagegen. Sie ist nicht nur sehr dick, sondern auch großzügig, lacht gern und flippt nur selten aus. Ich kann essen und trinken, so viel ich will, wenn wenig zu tun ist, darf ich auch mal ganz entspannte Botengänge machen und mir dabei endlich eine Zigarette anzünden. Obwohl ich mehr oder weniger illegal hier arbeite und auch nur den Mindestlohn erhalte, beachtet Irma das Jugendarbeitsschutzgesetz. Abends besteht sie sogar darauf, dass ich spätestens um zwanzig Uhr abdampfe. Wenn es gerade anfängt, richtig lustig und laut zuzugehen, werde ich vor die Tür gesetzt, weil ich noch nicht volljährig bin. Aber ich schleiche mich natürlich nicht sofort nach Hause, sondern chille lieber mit meinen Kumpeln. Das Gute ist, dass ich nicht mehr um sieben Uhr earlybirden muss, sondern ausschlafen kann. Das Lokal öffnet um achtzehn Uhr, ich muss erst gegen Mittag antreten und als Erstes immer die Spülmaschinen ausräumen.

Das Einzige, was mir an meinem Job nicht besonders schmeckt, ist das Essen. Viele Mädels in meinem Alter sind inzwischen Vegetarierinnen, sogar bei den Jungs nimmt der Trend zum Blümchenkiller immer mehr zu. Damit kann ich mich nicht anfreunden, ich mag nichts lieber als ein gegrilltes Hähnchen oder ein Steak mit Zwiebeln. Zum Glück bin ich wenigstens in diesem Punkt mit meinem Vater einer Meinung, meine Ma fängt leider auch schon damit an, dass wir zweimal pro Woche auf Fleisch verzichten müssen. Neulich wollte sie Papa und mich sogar mit gebratenen Tofu-Tieren reinlegen. An solchen Tagen ist für mich Dönerwetter mit Karussellfleisch.

Bollig war es, als ich mir vor Dienstbeginn noch einen Snack bei McDonald's organisieren wollte und dort sofort eine bekannte Gestalt aus der Schlange herausragen sah: Josch! Und zwar verlangte er keinen einfachen Cheeseburger, sondern den teuersten Rindfleisch Grand Bacon! Auch er hatte mich entdeckt, zwinkerte mir zu und legte verschwörerisch den Zeigefinger an die fettigen Lippen. Wir grinsten beide und machten uns kauend und schmatzend auf den Weg zur *Aubergine,* einem alten Fachwerkhaus. Im Gegensatz zu mir kann Josch seine Arbeitszeiten nach Bedarf und eigenem Ermessen einteilen. Er hat im obersten Stock eine kleine Wohnung, wo er auch die Buchführung für das Restaurant erledigt. Seit Langem haust er schon dort oben, während Irma direkt über dem Restaurant wohnt und sehr viel mehr Platz hat.

»Die Chefin hat behauptet, sie rieche es sofort, wenn jemand Fleisch gegessen hat«, bemerkte ich. »Aber sie hat es bei mir wohl noch nie erschnüffelt. Verbieten kann sie es mir sowieso nicht! Was sagt sie denn zu dir, wenn du Kalorien tanken gehst?«

Josch schluckte den letzten Bissen hinunter, zog eine Zehe Knofi aus der Hosentasche und steckte sie in den Mund. »Das ist mein Parfüm und ein Deo, das alles überdeckt«, sagte er. »Ich nehme an, Irma wittert es trotzdem, hat aber keine Lust, mit mir zu diskutieren. Zum Glück ist sie keine Missionarin, sondern lässt den lieben Gott einen guten Mann sein. Meistens schmecken mir ihre Gemüsegerichte recht gut, aber heute macht sie Veggie-Flammkuchen, ohne Speck natürlich, das ist mir einfach zu fade. Übrigens gibt es unter unseren Gästen nicht bloß Gemüse-Talibans, sondern auch viele Flexitarier und sogar bekennende Fleischesser, die gar nicht wegen der Speisekarte, sondern wegen der lockeren Atmosphäre kommen.«

»Wie alt ist die Irma eigentlich?«

»Ach, Lucy, das weiß ich nicht, frag sie doch selbst! Wir sind ein agiles Team, da spielt das Alter keine Rolle.«

Dann erfuhr ich, dass sich für diesen Abend eine Gruppe Männer zum JGA angesagt habe; natürlich wusste ich nicht, was man darunter verstehen sollte.

»Junggesellenabschied oder Bachelor-Party«, erklärte Josch. »Im Grunde eine immer aufwendigere Sauftour mit anrüchigen Überraschungen, neuerdings große Mode, hat sich wohl aus den USA in alle Welt verbreitet. In unserer *Aubergine* hat dieses Event noch nie stattgefunden, ich bin mal gespannt! Zum Glück kommen sie zuerst zu uns und wollen um acht bereits weiterziehen, so dass wir die Exzesse nicht mitbekommen. Sonst hätte Irma wohl gar nicht erst eingewilligt. Außerdem werden es keine reichen Muttersöhnchen sein, sonst hätten sie ihren Trip niemals in ein vegetarisches Restaurant, sondern nach Prag oder Amsterdam verlegt.«

Das raffte ich sowieso nicht. Wenn man von vornherein vorhatte, die Nacht durchzusumpfen, dann war ein deftiges Fleischgericht doch die beste Grundlage. Josch fand das auch.

»Vielleicht war um achtzehn Uhr noch kein anderes Lokal geöffnet«, überlegte er. »Oder es sind tatsächlich ein paar Vegetarier dabei, was ich fast annehme. Kann auch sein, dass wir nur für die Vorspeise zuständig sind, im Ratskeller gibt es dann einen fetten Schweinebraten und die Süßspeisen beim Tabledance in einem Stripschuppen ...«

Natürlich war ich sehr neugierig geworden und stellte mir eine geile Horde vor, die sich von der üblichen Kundschaft sicherlich stark unterschied. Bei dem Auftritt der sechs Nerds war ich aber tief enttäuscht.

Es waren nämlich voll uncoole Typen, die sich mit großem Ernst an den reservierten Tisch setzten. Alle trugen langweilige schwarze T-Shirts, auf denen ihre Namen in leichenblasser Altschrift aufgedruckt waren. Ich las: Gerhart Hauptmann, Paul Heyse, Thomas Mann, Hermann Hesse, Heinrich Böll, Günter Grass.

»Irgendwie kommen mir ihre Namen ziemlich

fame vor, ich tippe auf klassische Musik«, flüsterte ich Josch zu. Er schüttelte missbilligend den Kopf.

»Jetzt weiß ich endlich, warum du sitzengeblieben bist. Und zwar nicht bloß wegen Mathe!«, sagte er. »Das sind alles Schriftsteller, und zwar deutsche Nobelpreisträger für Literatur.«

»Ich dachte, das waren Schiller und Goethe!«

»Zur Zeit der Klassiker gab es noch keinen Nobelpreis. Und in Wirklichkeit heißen die Jungs bestimmt ganz anders, ich ahne, dass irgendein Joke dahintersteckt.«

Josch schien aber auch neugierig zu werden, denn er latschte nicht in der üblichen lässigen Haltung zu den Gästen, sondern total straight. Während er unsere aktuellen Speisezettel verteilte, schienen die Männer schon über die Getränke zu diskutieren, für die es keine extra Karte gibt. Wenigstens schienen es keine Aquaholiker zu sein.

»Wir bevorzugen einen französischen Rotspon, körperreich, aber geschmeidig«, sagte Paul Heyse, »welche Provenienzen haben Sie anzubieten?«

Nun guckte der erfahrene Josch doch etwas bescheuert aus der Wäsche. »Wir haben bisher nur Rot oder Weiß«, sagte er. »Aber ich kann beide empfehlen. Ich plane jedoch, demnächst ein erweitertes Sortiment anzubieten.«

»Dann lassen Sie uns den Roten probieren«,

sagte Thomas Mann und zupfte an seinem aufgeklebten Schnauzbart.

Gerhart Hauptmann verlangte als Einziger ein Bier. »Sei mir gegrüßt, du Held im Schaumgelock!«, rief er.

»Guter Mann, im Gegensatz zu Ihren flüssigen Angeboten sind die lukullischen fast formidabel«, meinte Paul Heyse, der ebenfalls einen falschen Gesichtsflokati trug. »Ich nehme eine Artischocke, bevorzuge jedoch die welsche Art der Zubereitung.«

Auch die anderen bestellten nur eine halbe Portion Flammkuchen, Kürbis-Crostini oder das erdige Rote-Bete-Carpaccio, mit dem man mich jagen kann. Josch schien mit seiner Annahme recht zu behalten, dass wir nur eine vorläufige Sammelstelle waren und die Sau in einer anderen Location rausgelassen werden sollte.

Leider wurde ich in der Küche gebraucht und konnte das Verhalten der neuen Gäste nicht aus nächster Nähe beobachten. Aber wenn Josch hereinkam, brachte er uns auf den neuesten Stand, denn auch Irma spitzte die Ohren.

»Die Hauptperson ist ein Fan der Literatur und schreibt Gedichte«, sagte er. »Dieser falsche Hermann Hesse will demnächst heiraten. Ihm zu Ehren hat sich sein bester Freund, der gefakte Günter Grass, den ganzen Schwachsinn ausgedacht. Den kenne ich sogar, wir saßen vor ewigen Zeiten mal im gleichen Proseminar.«

Nachdem die Dichter ihre fade Diät verdrückt hatten, schlug Günter Grass mit dem Messer an ein Weinglas, weil er offensichtlich solo labern wollte. Fast alle unsere Gäste legten das Besteck beiseite und lauschten interessiert.

»Unser lieber Freund Hermann wird uns an diesem denkwürdigen Abend mit einem Gedicht erfreuen«, sagte er und zog Hermann Hesse am Hosenbund in die Senkrechte. »Die Älteren unter uns kennen diese Verse mit Sicherheit und werden den Vortrag genießen! Meine Damen und Herren, Sie hören jetzt: *Seltsam, im Nebel zu wandern …*«

Der gelinkte Hermann Hesse räusperte sich und bekam eine Fresse wie ein Pavianarsch. Als er mit leiser Stimme mit seinem bescheuerten Gesäusel begann, stieg plötzlich weißer Nebel auf und füllte die Gaststube so schnell, dass man die Hand vor den Augen kaum noch sehen konnte. Der schüchterne Poet brachte vor Schreck keinen Pieps mehr heraus. In diesem Moment witterte Josch seine große Chance. Ohne Zögern sprang er für den unfähigen Hermann ein und rappte das traurige Gefasel wie ein gefeierter Hitmaker. Als er am Schluss *Jeder ist allein* stöhnte, brüllte er gleich darauf mit ganz normaler Stimme: »Rauchbomben sind in geschlossenen Räumen verboten! Bitte lüften!«

Das Publikum war völlig gecatcht und jubelte. Soweit es möglich war, wurden dann die Fenster aufgerissen. Als sich die Nebelschwaden verzogen hatten, waren auch die sechs Typen verschwunden, und die Zeche blieb unbezahlt.

## 3
## Josch

Vielleicht ist es nicht gerade der Jackpot, aber doch eine erfreuliche Tatsache, dass die rothaarige Lucy seit Kurzem bei uns aushilft. Zwar musste die Chefin ihr gleich am ersten Tag erklären, dass eine transparente Bluse für die Arbeit in unserem Restaurant ungeeignet ist, aber Irma und ich finden es erfrischend, einen Teenager anzuleiten und sogar ein bisschen zu erziehen. Klar, das hübsche Kind ist launisch und aufmüpfig, aber andererseits nicht ungeschickt und vor allem keine lahme Ente. Ich kann mir denken, dass die Gymnasiallehrer keine rechte Freude an ihr hatten, denn Lucy kann weder still sitzen noch den Mund halten. Aber ihr übermütiges Lachen hat es mir irgendwie angetan, ich empfand es zwar nicht wie ein kosmisches Blitzgewitter, sondern eher als prickelndes Gefühl zwischen fürsorglicher Zuneigung und fragwürdiger Verlockung.

Meine Großmutter bezeichnete Mädels in ihrem Alter als *Backfische*, das habe ich ihr erzählt, und sie wiederum verriet, dass man sie *Kichererbse* nannte. Wenn sie mich in Irmas Abwesenheit um eine Zigarette anbettelt, dann macht sie mir schöne Augen und sülzt: »Lieber Josch, sei kein Frosch!« Welcher Mann könnte da widerstehen! Aber zum Spaß ziehe ich erst mal eine Knoblauchzehe aus der Hosentasche.

Es macht mir viel Vergnügen, sie hin und wieder aufs Glatteis zu führen. Ich habe ihr zum Beispiel nicht verraten, dass ich bei einer Bachelor-Party mit dem Anführer unter einer Decke steckte. Selbstverständlich wurde die Rechnung für Speisen und Getränke am nächsten Tag bezahlt, auch konnte ich ein Gedicht von Hermann Hesse in aller Ruhe einüben und mit meiner angeblich spontanen Performance große Bewunderung erwecken. Lucy war hin und weg, ich muss zugeben, dass es mir guttat. Aber natürlich ist mir klar, dass ich keine falschen Signale setzen darf, das Mädchen ist erst sechzehn, steht eindeutig in einem Abhängigkeitsverhältnis, und abgesehen davon hat Irma stets ein wachsames Auge auf ihre Mitarbeiter. Leider ist sie immer noch eifersüchtig, wenn ich mit dem Personal und den Gästen ein wenig flirte. Ich hoffe, sie wird bald einsehen, dass es nur geschieht, um für eine heitere Stimmung zu sorgen.

Wenn ich mich mit Jugendlichen unterhalte und

von ihnen wohlwollend akzeptiert werde, dann bedauere ich manchmal, dass ich kein Lehrer geworden bin. Zugegebenermaßen habe ich zu lange, aber nicht ungern studiert, doch als mein Vater mir Druck machte und nicht mehr zahlen wollte, habe ich mehr oder weniger aus Trotz alles hingeschmissen. Deswegen kann ich Lucy einerseits gut verstehen, andererseits möchte ich sie vor einem großen Fehler bewahren.

Ihr Problem sei Mathe gewesen, sagte sie. Als ich bei einem Gespräch – ich glaube, es ging um Hygiene im Gastgewerbe und die Verbreitung von Viren – das Wort *exponentiell* in den Mund nahm, verstand sie nur Bahnhof. Daraufhin habe ich ihr die uralte Sage vom Schachbrett und den Reiskörnern erzählt, die sie tatsächlich noch nicht kannte. Es geht darum, auf das erste Feld ein einziges Korn zu legen, auf das nächste zwei Körner, auf das dritte die doppelte Anzahl und immer so weiter, bis alle vierundsechzig Spielfelder belegt sind. Als ich Lucy fragte, wie viel Körner es dann am Ende wohl sein könnten, schätzte sie die Zahl auf hundert. Sie staunte nicht schlecht, als ich nicht von Milliarden, sondern von Trillionen sprach.

»Also ein ganzes Haus voller Reis?«, fragte sie ungläubig.

»Sehr viel mehr, unser ganzes Städtchen würde

zugeschüttet«, meinte ich, »so ähnlich wie im Märchen vom *Süßen Brei*. Aber ehrlich gesagt kann ich mir das auch nicht vorstellen, da geht es mir wie dir: Mathe war nicht gerade mein Lieblingsfach!«

Es gelingt mir anscheinend, das Mädchen Tag für Tag ein bisschen weiterzubilden, ohne dass sie es merkt und aufsässig wird. Sie hat sich sogar darauf eingelassen, dass wir alle gelegentlich englisch untereinander sprechen, denn auch Irma möchte ihren Wortschatz verbessern. Dabei geht es häufig um Fachausdrücke, also um Gerichte, Zutaten und Rezepte. Es kommt immer wieder vor, dass Gäste ohne Deutschkenntnisse bei uns essen wollen, allerdings sind es in den wenigsten Fällen Native English Speakers, sondern eher Asiaten, Osteuropäer oder Afrikaner. Mit denen kommt Irma gut zurecht, wenn sie aus der Küche heraustritt und auf Englisch erklären muss, welche Gewürze sie für ein bestimmtes Gericht verwendet hat.

Bei Irmas Freundin Nicole ist beim Englischunterricht leider Hopfen und Malz verloren. Ich muss gestehen, dass ich mir einen Running Gag erlaube und ihr eine deutsche Redewendung wörtlich ins Englische übersetze, die sie dann ganz ahnungslos verwendet. So fragt sie uns am Morgen: »How goes?« oder »Tomorrow together!« Und zum Abschied: »I wish you what.«

Eigentlich könnte ich mit meinem Job mehr als zufrieden sein, denn ich bin zwar als Oberkellner angestellt, aber irgendwie auch als Hausmeister und Manager. Als Irma den Laden übernahm, kannte sie sich mit der finanziellen Seite überhaupt nicht aus, vertraute etwas blauäugig einem windigen Steuerberater und schriebe ohne mich wohl immer noch rote Zahlen. Irma ist zwar ein herzensguter Mensch, aber alles andere als geschäftstüchtig. Schon bald bestand sie darauf, mich am Gewinn prozentual zu beteiligen. Sicherlich würde ich zwar als beamteter Studienrat besser verdienen, dafür aber fast täglich um acht Uhr vor ebenso unausgeschlafenen Schülern auf der Matte stehen müssen. Ich gehörte noch nie zu den Lerchen, und da ich ganz oben im Haus wohne, höre ich es nicht, wenn die robuste Irma schon früh am Morgen aktiv wird und den Wagen startet, um zum Großmarkt zu fahren. Sie wiederum gönnt sich, wann immer es sich machen lässt, ein kurzes Powernapping.

Immer wieder muss ich mich über Irmas explosive Mischung aus Temperament und übertriebener Gutmütigkeit wundern. Hin und wieder flippt sie aus, kann donnern und blitzen. Gelegentlich hat sie sogar einen Teller an die Wand geknallt. Doch sie stellt Aushilfskräfte ein, die kaum lesen und schreiben können, Flüchtlinge, die nur Arabisch sprechen,

Behinderte, die stottern oder hinken, Wohnsitzlose, die im Gastraum campieren. Meistens und zum Glück bleiben sie auch nicht lange, nur der sogenannte *Gemüsemann* wird uns wohl bis zu seinem Tod erhalten bleiben. Irma hat einen Narren an ihm gefressen und ihm sogar ihr zweitliebstes geschmiedetes Messer und das große Schneidebrett aus Olivenholz überlassen. Einmal stülpte sie ihm sogar ihre lila Kappe mit den grünen Kelchblättern über seine hässliche Mütze, was mich ein wenig an das Outfit brasilianischer Cannabis-Demonstranten erinnert. Am liebsten mampft das bucklige Männlein Risottobällchen mit Safran-Mayo, die Irma in der Mikrowelle auftaut und warm macht.

Natürlich hat der alte Herr einen richtigen Namen und sogar einen akademischen Titel: Dr. Vinzent Soloth. Lucy nennt ihn *Professor Salat*. Er ist verwitwet, stocktaub, wohl schon weit über achtzig, wohnt ganz in der Nähe, tickt nicht mehr ganz richtig und ist bestimmt sehr einsam. Anfangs kam er jeden Tag Punkt achtzehn Uhr zum Essen, irgendwann fragte er, ob er nicht am Vormittag in der Küche helfen könne, ihm falle manchmal die Decke auf den Kopf. Angeblich soll er gesagt haben: »Das Einzige, was mich noch am Leben erhält, ist die Möglichkeit des Selbstmords.«

Inzwischen hat sich ein seltsames Agreement ergeben: Ab zehn Uhr sitzt der Gemüsemann in der Küche und putzt, schnipselt, schält, raspelt und schneidet mit großer Sorgfalt und ebensolcher Langsamkeit alles, was ihm vor die Nase gelegt wird. Dafür bekommt er dann seine geliebten Reisbällchen und die Reste vom Vortag aufgewärmt und kann sich das Abendessen sparen. Ob der Gemüsemann nur äußerst schwerhörig oder eher weitgehend dement ist, führte sogar zu einem Disput zwischen Irma und mir. Sie behauptet, er sei von überragender Intelligenz und universeller Bildung, nur etwas wortkarg. Ich wiederum befürchte, dass ihm die passenden Vokabeln mehr und mehr entfallen. »Heute keine gelben …?«, fragt er zum Beispiel, und man muss raten, ob er Petersilienwurzeln, Paprika, Pastinaken oder Wachsbohnen meint. Irgendwie gehört das kleine Männlein fast schon zum Inventar, wenn es krumm und schief in seiner Ecke hockt und vor sich hin werkelt. Tag für Tag trägt Dr. Soloth eine Mütze, weiße Frotteesocken und über seinem schmuddeligen Glencheck-Anzug einen von Irmas zeltgroßen, violetten Kitteln. »Damit er sich nicht noch mehr einsaut«, sagt Nicole, die Hilfsköchin.

An einem hektischen Samstag wurde der Gemüsemann wahrscheinlich von der allgemeinen Betriebsamkeit angesteckt und passte nicht auf, was er diesmal machen sollte. Statt die Kartoffeln für das Gratin in dünne Scheiben zu schneiden, häckselte er sie in winzige Würfelchen. Irma schlug die Hände über dem Kopf zusammen, Lucy bekam einen Lachanfall. Ich warf ihr einen strafenden Blick zu und behauptete, ihr Name leite sich bestimmt von Luzifer ab, weil ihr Wiehern in diesem Moment geradezu teuflisch klang. Nein, sagte sie, Lucy sei die Abkürzung von Lucrezia, einer besonders schönen und tugendhaften Römerin. Wahrscheinlich meinte sie Lucrezia Borgia, die allerdings in der Literatur jahrhundertelang einen zweifelhaften Ruf hatte.

Der Gemüsemann hatte unser Geplänkel beobachtet und wahrscheinlich nur einen Bruchteil verstanden. Plötzlich richtete er sich auf, streckte die geballte Faust samt Messer in die Höhe und raunte mir zu: »Wir Männer müssen zusammenhalten!«

Übrigens würde Irma Lebensmittel nur wegwerfen, wenn sie wirklich verdorben sind. Die Parmesanrinden wandern bei ihr zum Beispiel nie in den Mülleimer, sondern ins Reis- oder Nudelwasser, aus Kohlrabischalen entsteht eine Suppe, und aus den Kartoffelschnipseln kreierte sie einen Auflauf, den sie mit frischen Kräutern würzte und *Röstmarin* taufte. Das Gericht ging weg wie geschnitten Brot.

Als Lucy ein paar Tage später auf die kindische Idee kam, dem Gemüsemann einen Streich zu spielen, verpasste ihr Irma eine Ohrfeige mit den Worten: »Kleiner Gruß aus der Küche!«

Danach waren beide fassungslos, für beide war es eine absolut neue Erfahrung. Lucys Tat war eigentlich ein harmloser Schabernack, denn sie hatte bloß einen verstaubten Deko-Gegenstand von zu Hause mitgebracht: eine Schale gefüllt mit Plastikgemüse, also lebensecht wirkende Gurken, Zwiebeln, Karotten, Paprika und sogar Knoblauch. Dr. Soloth wollte sofort mit dem Schnitzeln beginnen und stieß dabei immer wieder skurrile Flüche aus. Als Irma hellhörig wurde, schnüffelte er gerade an einer Möhre aus Kunststoff und seufzte: »Das Zeug lässt sich überhaupt nicht kleinkriegen, und früher roch alles besser!«

Später entschuldigte sich Irma bei Lucy, die sich trotzdem bei mir beschwerte. »Mit falschem Essen spielt man nicht«, sagte ich, um Irma bei ihren Erziehungsmaßnahmen nicht in den Rücken zu fallen. Obwohl ich wusste, dass man das Plastikzeug überhaupt nicht klein schneiden kann, erklärte ich der Sünderin, dass es fast zu einem Supergau gekommen wäre, wenn Irma die gehäckselten Plastikteile mitsamt echtem Gemüse und Parmesan in den Backofen geschoben hätte. Genüsslich malte ich ihr die Folgen aus, die ein Laie gar nicht überblicken könne. Zum Beispiel geschmolzenes und verklebtes Plastik im Backofen und die aufwendige Reinigung der Lüftungsanlage, die gerade erst von einem Fachmann gewartet worden war. Doch es konnte sehr viel schlimmer kommen: vergiftete Gäste, eine Anzeige vom Gesundheitsamt, gehäufte Lebensmittelkontrollen des Ordnungsamtes oder gar die sofortige Schließung des Restaurants wegen eklatanter Hygienemängel. Ganz zu schweigen von den Schwarzarbeitern, die entdeckt würden und ihren Job verlören, Lucy natürlich auch. *»Wer andern eine Grube gräbt …«*, sagte ich. Sie ergänzte: *»… hat Gold im Munde.«*

Fast hätte ich die freche Göre jetzt einfach stehen lassen, aber plötzlich fing die coole Lucy an zu weinen. Ich hätte es nicht tun sollen, aber ich bückte mich zu ihr hinunter, denn trotz ihrer klobigen Boots ging sie mir kaum bis zur Schulter. Als ich sie liebevoll in den Arm nahm, hat mich ihre Reaktion schlagartig ernüchtert.

»So einen wie dich hätte ich mir mega als Papa gewünscht«, schluchzte sie, und ich ließ sie sofort wieder los und fühlte mich mit meinen zweiunddreißig Jahren wie ein alter Sack, dazu einer ohne Spendierhosen, der nicht einmal zum Sugardaddy taugt.

»Hast du eigentlich die Messingstövchen geputzt und wieder in den Schrank gestellt?«, fragte ich streng.

»Keine Ahnung!«

»Was hast du heute überhaupt schon auf die Reihe gebracht?«

*»Nada!«*

»Allez hopp, du Heulsuse, bring endlich den Müll raus und vergiss nicht, die Kippen vor der Haustür aufzusammeln!«

Wenn ich schon eine Art Papa sein sollte, dann durfte ich auch mal autoritär werden. Außerdem hatte ich kapiert, dass Teenies ungern lästige Fragen beantworten, sondern lieber *Keine Ahnung* sagen.

# 4
# Der Gemüsemann

Natürlich kann ich mir denken, wie man über mich redet. Leider bin ich inzwischen älter geworden, als zu erwarten war, und die gesundheitlichen Beeinträchtigungen sind nicht mehr zu verheimlichen. Ich brauche ein Hörgerät, das ich aber eine Zeit lang verlegt hatte, einen Krückstock, den ich eigentlich für einen Rollator eintauschen müsste, eine Brille, die ich leider viel zu selten putze. So bezeichnete ich neulich einen Lokalpolitiker als Waschlappen, weil ich Wahlschlappe falsch gelesen hatte. Materialermüdung an allen Ecken und Enden. Am meisten ärgert mich aber meine Vergesslichkeit – Begriffe, die ich immer parat hatte, sind mir entfallen. Leider sogar die Namen meiner Enkelkinder, meiner Nachbarn, berühmter Zeitgenossen. Wenn meine Söhne hier in der Nähe leben würden, wäre wohl alles besser. Aber das Telefonieren ist für uns alle eine peinliche Pflicht, und ihre seltenen Besuche sind umständlich. Meine Gespräche mit der Haushaltshilfe beschränken sich auf das

Notwendige. Mit anderen Worten – mein soziales Leben ist stark reduziert.

Das Einzige, was noch einigermaßen funktioniert, ist die Geschicklichkeit meiner Hände. Es mag daran liegen, dass ich jahrzehntelang Klavier gespielt habe, doch inzwischen kann ich mich schlecht konzentrieren und ärgere mich bloß über meine Stümperei. Insofern ist es ein wahrer Segen, dass ich noch etwas Nützliches tun kann, wenn es auch keineswegs meinen früheren Fähigkeiten entspricht. Mein ganzes Leben lang habe ich mich erfolgreich um die Küchenarbeit gedrückt, jetzt ist es fast ein Wunder, dass mich sogar das Schälen und Schneiden einer Zwiebel zufrieden macht, mir sogar Spaß bereitet. Dabei habe ich sogar neue Vokabeln gelernt und weiß jetzt, dass man das Schneiden von gleich großen Gemüsestücken *egalisieren* nennt. Und diese erfreulichen Tatsachen führten zu der völlig unerwarteten Situation, dass ich mich in meiner letzten Lebensphase noch einmal verliebt habe. Irma, die Köchin im Restaurant *Aubergine,* sieht zwar meiner verstorbenen schlanken Frau so gar nicht ähnlich, doch in ihrem freundlichen, zugewandten Naturell gleicht sie ihr sehr. Auch sie hat mich ins Herz geschlossen und würde es niemals dulden, dass das Personal Witze über mich reißt. Außerdem gehört Irma zu den wenigen

Menschen, die mir hin und wieder die Wange tätscheln, mir auf die Schulter klopfen, sich nicht vor meiner mürben, faltigen Haut mit den zahlreichen Pigmentflecken ekeln. Sie hat sogar dafür gesorgt, dass ich beim Hautarzt war, weil ihr eine braune Stelle auf meinem kahlen Kopf krebsverdächtig vorkam. Es war tatsächlich ein malignes Melanom, das zum Glück rechtzeitig entfernt werden konnte. Um die hässliche Narbe zu verdecken, trage ich seitdem eine Mütze. Dadurch wird auch das Hörgerät unsichtbar, das ich inzwischen mit einer gewissen Schadenfreude immer benutze. Man hält mich nämlich für stocktaub, weil ich das ungeliebte Hilfsmittel anfangs nicht getragen hatte. Im festen Glauben, dass ich kein Wort von ihrem Kauderwelsch mitbekomme, unterhält man sich ungeniert. Inzwischen habe ich mich daran gewöhnt, die teuren und winzigen Apparate noch vor dem Frühstück in meine Ohren zu stecken. Und da hörte ich doch tatsächlich, wie Josch einen saudummen Kalauer von sich gab. »Kennst du das Abendgebet der Greise?«, fragte er und antwortete, noch bevor Irma ihm über den Mund fahren konnte: *»Oben klar und unten dicht, lieber Gott, mehr will ich nicht!«*

Die liebe Irma musste zwar unwillkürlich losprusten, und selbst ich konnte es mir nur mühsam verkneifen, aber dann herrschte sie ihn an, respektlose Witze seien unter ihrem Niveau.

Unter den seltsamen Hilfskräften, die in meiner neuen Welt stundenweise kommen und oft nach ein paar Wochen schon wieder gehen, gibt es neuerdings auch eine kleine Hexe, rothaarig natürlich. Der Schalk sitzt ihr im Nacken, und sie hat es faustdick hinter den Ohren, weswegen ich ihr nicht ernsthaft böse sein kann. Amüsiert beobachte ich mit trüben Augen und etwas Fantasie, dass sie den Kellner erfolgreich anschmachtet. Schon Goethe meinte: *Denn es ist den Frauen angeboren, die Neigungen der Männer genau zu kennen.* Wahrscheinlich wurde die Halbwüchsige mehr oder weniger aus Mitleid von Irma beschäftigt, denn das Mädchen scheint mir etwas orientierungslos zu sein, vielleicht auch bettelarm; ich überlege, ob ich ihr eine Bürste für ihre verzottelten Strähnen schenken soll. Ihre kuriose Sprache verstehe ich nicht, aber fast alle jüngeren Leute scheinen mir mehr englisch als deutsch zu sprechen, wobei es sich wohl eher um das von mir verhasste Amerikanisch handelt. Ständig sind sie getriggert und geflasht, und ich frage mich, ob das etwas mit gefletschten Zähnen zu tun hat? Und was bedeutet es, wenn sie von chillen oder von Bling-Bling sprechen? Warum verwenden sie nicht ein deutsches Wort, statt cool, nice, strange oder safe zu sagen? Wahrscheinlich muss ich dieses Phänomen wie so viele andere als Zeichen unseres kulturellen Niedergangs hinnehmen und sollte mich nicht täglich darüber aufregen.

Doch zurück zur kleinen Hexe. Ihre Gesichtszüge kommen mir zwar ganz ansprechend vor, aber ihre Kleidung ist abscheulich. Junge Mädchen sollten anmutig schweben wie ein Schmetterling, zierliche Schuhe tragen und keine Soldatenstiefel, die wir früher Knobelbecher nannten. Ich sage aber nichts, denn es ist nicht meine Aufgabe, das Personal auf eine anständige Garderobe hinzuweisen. Als ich noch im vergangenen Jahr wie andere Gäste erst abends zum Essen kam, sah ich zu meinem Missfallen so manche sonderbare Gestalt, die tätowiert wie ein Matrose und angemalt wie ein Indianer daherkam. Und Josch war auch nicht der Einzige mit einem Rattennest auf dem Kopf. Viele hatten Löcher in den Nietenhosen, weiße Turnschuhe trugen sowieso fast alle, manche sogar Nasenringe wie ein Ochse. Das bleibt mir jetzt, wo ich mittags ganz allein hier essen darf, zum Glück erspart.

In der Küche darf es meinetwegen auch lockerer zugehen, ich kann also beim Essen ruhig mal kleckern. Die Bedienung – Josch inbegriffen – trägt keine Berufskleidung, höchstens mal eine Schürze.

Anscheinend duzen sich alle, ich bin die große Ausnahme. Mit dieser falschen Vertraulichkeit konnte ich mich noch nie anfreunden. Darüber hinaus gibt es noch viele Kleinigkeiten, die ich beanstanden könnte. Doch im Grunde bin ich dankbar, dass ich überhaupt unter Menschen komme und mir an sechs Tagen ein gutes Mittagessen garantiert wird. Irma ahnt natürlich, dass meine Zahnprothese viel zu locker sitzt, und bietet mir kein knackiges Gemüse an. Manchmal bin ich aber selbst so trottelig, dass ich in eine Karotte oder einen Apfel beißen will und kläglich scheitere.

Die infantile Hexe namens Lucy hat mich neulich reingelegt und mir Gemüse aus Plastik zur Bearbeitung hingestellt. Nach ein paar Fehlversuchen flog der dumme Streich zum Glück sofort auf, und nun überlege ich, wie ich es dem kleinen Biest heimzahlen könnte. Auge um Auge ist zwar nicht mein Stil, aber eine milde Strafe sollte schon sein. Zum Beispiel wäre eine kleine Blamage nur gerecht. Selbst die großzügige Irma hatte sich so geärgert, dass sie dem Mädchen eine Backpfeife verpasste. Es tat ihr hinterher aber leid, und auf Anraten des Kellners dachte sie sich eine bessere pädagogische Maßnahme aus: Die Hexe musste sich bei mir entschuldigen und wurde dazu verdonnert, mir gelegentlich die Brille zu putzen.

Als ich neulich junge Erbsen bedächtig aus den Schoten herauslöste und mich Irma als ihr liebes Heinzelmännchen bezeichnete, musste ich an eine Ballade von August Kopisch denken. *Neugierig war des Schneiders Weib und macht sich diesen Zeitvertreib: Streut Erbsen hin die andre Nacht, die Heinzelmännchen kommen sacht …* Ich hatte nicht übel Lust, wie des Schneiders Weib durch ausgestreute Erbsen die kleine Hexe in ihren plumpen Stiefeln zu Fall zu bringen. Aber dann überlegte ich, dass es sich im Gedicht sicher nicht um unsere jungen, zarten Erbsen handelte, sondern um harte, trockene Hülsenfrüchte. Sonst wären sie wohl kaum den purzelnden Zwergen zum Verhängnis geworden.

Vielleicht sollte ich das böse Mädchen nur ordentlich erschrecken. Wenn sie mich mit Plastikgemüse übertölpelt hatte, dann könnte ich ihr vielleicht eine künstliche Spinne, Ratte oder Qualle in den Ausschnitt gleiten lassen, aber woher nehmen und nicht stehlen? Wo gab es solche kindischen Scherzartikel aus Plastik oder besser noch aus Weichgummi? Mit Bestellungen im Internet kenne ich mich nicht aus, denn ich besitze weder einen Computer noch ein modernes Handy. Also wollte ich mir eine Vergeltung ausdenken, die subtiler ausfallen sollte als ein pubertärer Schabernack.

Im Nachhinein tut es mir leid, nein, ich schäme mich für mein unüberlegtes Handeln. Bei meinem Rachefeldzug habe ich nicht bloß für eine Blamage gesorgt, sondern für wahres Herzeleid. Es war eine spontane Idee, weder ausgereift noch wohlüberlegt, die mich zu meiner Tat verleitete.

Auf einen Rechnungsblock des Restaurants schrieb ich einen kurzen Liebesbrief, und zwar in akkuraten Blockbuchstaben.

LUCY, MEIN KLEINER LIEBLING, HIER IN UNSEREM RESTAURANT KANN ICH DIR LEIDER NICHT ZEIGEN, WIE SEHR ICH DICH MAG. ICH WERDE AM MORGIGEN RUHETAG UM 20 UHR AUF DICH WARTEN. ECKE BEETHOVEN / SCHILLERSTRASSE STEHE ICH VOR DER LATERNE UND FREUE MICH AUF DICH.

J.

Da ich selbst in der Beethovenstraße wohne, wollte ich von meinem Balkon aus beobachten, ob Lucy tatsächlich dort stehen und stundenlang vergeblich auf ihren Romeo warten würde.

Am Sonntag ging ich nach meiner Mahlzeit wie üblich nach Hause. Den bewussten Zettel ließ ich in Lucys Jacke, die an einem Haken hing, heimlich in eine der Taschen gleiten. Bereits auf dem Heimweg schüttelte ich aber den Kopf über meine eigene Naivität. Etwas zu spät fiel mir erst ein, dass junge Leute keine Briefe auf Papier schreiben, sondern für alle nur möglichen Zwecke ihre schrecklichen, ständig verfügbaren kleinen schwarzen Geräte einsetzen. Lucy würde wittern, dass diese altmodische Nachricht schwerlich vom Oberkellner stammen konnte, und würde ihn sofort anrufen.

Aber so kam es leider nicht. Zu meiner Verwunderung stand die kleine Hexe an besagtem Montagabend tatsächlich wie Lili Marleen unter der Laterne und wartete. Auf meinem Beobachtungsposten konnte ich gut sehen, wie sie langsam nervös wurde, auf und ab ging, nach allen Seiten Ausschau hielt und nach einer halben Stunde schließlich zum Handy griff. Zuerst schien sie nur eine Nachricht einzutippen, kurz darauf klingelte es aber, und sie begann erst zu reden und dann zu weinen. Unter Tränen schlich sie schließlich wie ein begossener Pudel davon.

Am folgenden Dienstag belauschte ich ein Gespräch zwischen Irma und Josch. Sie fragten sich, warum Lucy heute nicht erschienen war.

»Anscheinend hat ihr jemand einen Streich gespielt«, sagte Josch. »Jedenfalls behauptete sie, einen ganz süßen, altmodisch-romantischen Brief von mir erhalten zu haben. Ich hätte sie zu einem Date bestellt, sei aber nicht erschienen. Es ist ihr jetzt wohl maßlos peinlich, dass sie tatsächlich irgendwo lange auf mich gewartet hat und sich einbildete, ich wäre in sie verknallt. Als sie mir gestern gegen halb neun eine vorwurfsvolle WhatsApp schickte, habe ich gleich zurückgerufen, vielleicht nicht besonders feinfühlig reagiert und sie ausgelacht.«

Immerhin fand Lucy meine kurze Botschaft ganz süß, dachte ich, teils stolz, teils beschämt.

Irma überlegte. »Aber wer könnte es gewesen sein? Wer schreibt heutzutage noch Briefe? Vielleicht hat sich ein abgeschmetterter Kandidat rächen wollen«, meinte sie. »Allerdings müsste er über ein gewisses Insiderwissen verfügen, deswegen war es wahrscheinlich gar kein abgewiesener, sondern ein aktueller Freund, der die Treue seiner Liebsten auf die Probe stellen wollte. Ich rufe nachher mal bei ihr zu Hause an und frage ihre Mama, ob das Kind krank ist.«

»Dein Ernst? Lucys Mutter hat doch angeblich 'nen Stock im Arsch«, meinte Josch, und ich musste mich einmal mehr über seine hässlichen und mir unverständlichen Ausdrücke ärgern. Leider erfuhr ich nicht, womit Lucy ihr Fernbleiben entschuldigte. Jedenfalls tauchte sie nach zwei Tagen wieder hier auf, schien aber Josch nach Möglichkeit aus dem Weg zu gehen. Das Mädchen war unglücklich, und ich war daran schuld. Um es in ihrer Sprache auszudrücken: dumm gelaufen.

## 5
## Irma

Josch ist acht Jahre jünger als ich, aber das war nie ein Thema. Man sollte es nicht glauben, aber leider ist unsere unterschiedliche Körpergröße ein Problem für mich. Hin und wieder haben wir miteinander geschlafen, aber es war zugegebenermaßen für uns beide nicht befriedigend. Als kleines Mädchen bekam meine Schulfreundin Nicole von einem schrägen Nachbarn eine männliche und eine weibliche Puppe geschenkt, die wohl für eine kindgemäße Aufklärung sorgen sollten. An den entscheidenden Stellen passten sie haargenau an-, auf- und ineinander. Da man mit ihnen aber nicht Mutter und Kind spielen konnte, standen sie nur zur Dekoration auf dem Fensterbrett. Meine Freundin fand die Püppchen eher langweilig, ich fand sie peinlich und erzählte meinen spießigen Eltern lieber nichts davon.

Doch als ich Jahre später meinen ersten groß gewachsenen Freund hatte, gingen mir die perfekt aufeinander abgestimmten Figürchen nicht aus dem Sinn. Auch bei Josch und mir passen unsere Körper weder im Stehen, Sitzen oder Liegen so richtig zusammen. Ich fürchte, dass er zwar taktvoll darüber hinwegsieht, aber ebenso frustriert ist wie ich. Vielleicht liegt es auch daran, dass wir uns zwar wirklich sehr gern mögen, aber nicht gerade leidenschaftlich entbrannt sind. Für fantasievolle Experimente bin ich wahrscheinlich auch zu prüde. Ich wünsche mir Verlässlichkeit, Vertrautheit und eine gemeinsame Zukunft. Vielleicht kann ich es deswegen nicht gut mitansehen, wenn Josch mit anderen Frauen flirtet. Ich befürchte, dass er mich über kurz oder lang betrügen wird, falls man das überhaupt so nennen kann.

Schon als pausbäckiges Kind habe ich unter meiner Kleinwüchsigkeit gelitten. Mein Vater nannte mich *Zwerg*, andere sagten *Kugel, Kurze* und *Specki* zu mir oder *Quadratmeter*, kurz *Quadra*. Als ich erwachsen wurde, achtete ich eine Zeit lang sehr darauf, nicht gar zu kugelförmig zu erscheinen, aber nach einer bitteren Enttäuschung war mir alles und besonders meine Figur egal, so dass ich meinen Kummer buchstäblich in mich hineinfraß. Das war wohl ein Fehler, der sich jetzt rächt.

Mit zunehmendem Missfallen beobachte ich, dass Josch bei der hübschen Lucy nicht bloß als Vorgesetzter oder väterlicher Lehrmeister auftritt, sondern etwas zu sehr den Kumpel spielt. Sicher, er belehrt uns alle ganz gern, aber mir gegenüber hat er schon mal mit seinem pädagogischen Eros angegeben. Was er damit meint, habe ich nicht ganz verstanden, aber bei Eros denke ich an Erotik, die bei der Arbeit bloß stört.

Eigentlich mag ich Lucy ganz gern. Auch ich war in ihrem Alter ein wenig verpeilt, äußerst liebesbedürftig, manchmal zu schnell und unüberlegt oder aufsässig und motzig, dann wieder viel zu empfindlich. Das Mädchen lacht und weint oft und spontan, aber das legt sich ja mit der Zeit. Ich selbst wäre sehr gern auf ein Gymnasium gegangen und hätte Abitur gemacht, auch meine Lehrerin hatte dazu geraten, doch meine Eltern haben es nicht zugelassen. Bei Lucy ist es genau andersherum, sie möchte sich nie mehr mit Mathe herumplagen und sieht nicht ein, dass sie es besser hat als Kinder aus einem bildungsfernen Haushalt. Josch ist etwa doppelt so alt wie sie, zwar jünger als ihre Eltern, aber den Jungs aus ihrer Clique haushoch überlegen. Es schmeichelt beiden, dass sie sich gegenseitig toll finden. Doch ich muss zugeben, dass es mich ärgert. Neulich habe ich Lucy eine Ohrfeige verpasst, völlig überflüssig und ganz gegen meine pazifistische Grundeinstellung. Als Kind bin ich oft genug von meiner Mutter versohlt worden, was ich ihr nie verziehen habe. Leider bin ich nun selbst ausgerastet, wahrscheinlich weniger wegen eines dummen Streiches, sondern weil mir Lucys Geplänkel mit Josch auf den Wecker ging.

Andererseits möchte ich Josch aber unter keinen Umständen mit eifersüchtigen Bemerkungen nerven oder gar verlieren. Ohne seine betriebswirtschaftlichen Kenntnisse würde ich verzweifeln, die Tilgung meines Schuldenbergs nicht überblicken und über kurz oder lang mein Restaurant schließen müssen. Er spricht mir außerdem jegliche Führungserfahrung ab, obwohl er selbst auch nicht darüber verfügt. Doch ich habe nun mal ein Herz für Loser und möchte ihnen helfen, wieder auf die Beine zu kommen. Allmählich habe ich aber eingesehen, dass es leider auch Menschen gibt, die auf regelmäßige Arbeit keinen Bock haben und sich als unzuverlässig erweisen.

»Wir sind nicht die Caritas«, pflegt Josch zu sagen, und ich muss ihm seufzend recht geben. Allerdings lasse ich nicht mit mir reden, wenn es um Dr. Soloth geht. Josch hält ihn für dement und machte sich manchmal lustig über seinen modrigen Geruch oder seine Trödelei, was ich mir aber verbeten habe.

»Wir Jüngeren können zwar schneller rennen,

aber die Älteren kennen die Abkürzung«, pflege ich zu sagen, was Josch aber in diesem Fall für unzutreffend hält. Er glaubt mir nicht, dass der alte Herr zwar taub, aber nicht blöd ist. Von seiner Bildung könnten wir uns alle eine Scheibe abschneiden, denn selbst der Klugscheißer Josch hat weder Latein noch Griechisch gelernt. Da unser Gemüsemann einen Doktortitel hat, hält man ihn fälschlicherweise für einen pensionierten Arzt. Sein Fachwissen bezieht sich jedoch auf das Altertum; im früheren Leben betreute er die Bibliothek eines archäologischen Seminars. Aber darüber redet er kaum, auch nicht über seine Familie und Altersgenossen, falls er überhaupt Freunde hatte. Wenn ich ihm nach seiner Mahlzeit noch ein paar Reste vom Vortag einpacke und mitgebe, dann strahlt er. Ich glaube, dass er deswegen nur noch wenige Nahrungsmittel selbst einkaufen muss. Aber da er für seine Arbeit kein Geld annimmt, ist es ein fairer Deal. Abgesehen davon habe ich übrig gebliebene Speisen noch nie weggeworfen, sondern geschickt in einem fantasievollen Auflauf versenkt. Dabei achte ich immer auf Hygiene, denn die amtlichen Lebensmittelüberprüfungen sind streng. Deswegen muss ich alles, was meine Gäste auf dem Teller liegen lassen, schweren Herzens entsorgen. Früher hielt man sich dafür eine Sau, aber für eine Vegetarierin wie mich kommt diese Möglichkeit leider auch nicht infrage. Josch scherzte, er würde mir zu Weihnachten ein niedliches Schweinchen als Schoßhund schenken.

Doch das schönste Geschenk, das mir Josch jemals gemacht hat – Blumen gehörten nie dazu –, war das Kochbuch seiner Ururgroßmutter. Es heißt *Supp', Gemüs' und Fleisch* mit dem Untertitel *Ein Hülfsbuch für Köchinnen, Hausfrauen und Mädchen.* Aus naheliegenden Gründen gilt mein Interesse den vegetarischen Beilagen, denn es gibt preiswerte Rezepte für Erdkohlraben, saures Kartoffelgemüse, Teltower Rübchen, Köhlkraut, Rosenkohl, schwarze Wurzeln, Laubfrösche, Würsing oder Römischkohl. Am meisten fasziniert mich das Scharpkraut. Bei diesem Rezept werden die Blätter der verschiedensten Kohlsorten fein geschnitten, abgebrüht, mit Zwiebeln, Butter und Mehl angeschwitzt, mit Brühe gelöscht, mit Pfeffer und Nelken gewürzt. Eine ideale Resteverwertung. Natürlich wurden damals nur einheimische Gemüsesorten verwendet, am häufigsten sämtliche Kohlsorten, jedoch mit Sicherheit keine Auberginen oder Zucchini. Manchmal erinnere ich mich an meinen hinterwäldlerischen Großvater, der die gefüllten Paprika meiner Mutter kategorisch ablehnte.

»Ich bin selber scharf genug«, behauptete er grinsend.

Josch ist gerührt, wenn er mich in meinen wenigen freien Stunden vertieft in dieses Kochbuch vorfindet. Als ich ihm aber das Rezept für *Wohlfeile Mundküchlein* vorlesen wollte, winkte er ab und meinte, dass man im Zeitalter der Molekulargastronomie, der Induktionsherde und Combisteamer auf altmodische und umständliche Rezepte verzichten sollte. Am liebsten würde er nämlich meine Küche mit den modernsten und teuersten Geräten ausstatten, denn die übernommene Einrichtung ist veraltet und verbraucht zu viel Energie. Er redet sogar von Greenwashing, weil ich mich einerseits umweltbewusst gebe, andererseits zu viel Strom verbrauche. *Effizienz* gehört zu Joschs bevorzugten Ausdrücken, aber seinerseits kann er es nicht lassen, die eigene Energieeffizienz zweckentfremdet einzusetzen und sich sogar bei Hochbetrieb viel zu lange mit einem einzelnen Gast zu unterhalten oder mit Lucy zu schäkern. Ja, mein guter Josch predigt Wasser, ist aber Weintrinker und verschlingt hinter meinem Rücken Fleisch und Schinken.

Wenn ich mich auch gelegentlich über meinen unentbehrlichen Partner aufrege, so freue ich mich immer über sein schmuckes Aussehen. Josch ist ein baumlanges Mannsbild, seine Bewegungen sind trotzdem geschmeidig und elegant, seine Hände sind zwar groß, aber feingliedrig. Das rechte Auge ist kleiner als das linke und sitzt eine Spur höher, aber winzige Unregelmäßigkeiten machen jedes Gesicht interessanter. Und seine originelle Haartracht, der sogenannte *Man Bun*, steht ihm nicht schlecht. Trotzdem würde ich ihm gern mal eine Kurzhaarfrisur verpassen. Wenn Josch lacht, fliegen ihm die Herzen zu, jedenfalls kommt es mir so vor. Und wenn er mich anlächelt, bin ich einfach nur glücklich und vergesse die steile Falte zwischen seinen schiefen Augen, die sich bedrohlich zusammenziehen kann.

Wir kennen uns schon sehr lange. Als wir zum ersten Mal in meinem Bett lagen, malte ich mir insgeheim aus, dass ein gemeinsames Kind einer kleinen Dicken und eines langen Dünnen eigentlich Idealmaße haben müsse. Aber Josch hatte wahrscheinlich andere Träume, wir haben nie über die Gründung einer Familie gesprochen. Inzwischen bin ich wohl zu alt zum Kinderkriegen und hätte sowieso keine Zeit für ein Baby.

Es ist zwar normal, dass ich mit meinen vierzig Jahren in puncto Fruchtbarkeit bald zum alten Eisen gehören werde, aber in einem anderen Fall ist es die reinste Blamage. Ich besitze zwar ein Handy und einen in die Jahre gekommenen PC, aber ich verwende beide nur für wenige Zwecke – zum Beispiel, um interessante Kochrezepte zu recherchieren, erst neulich war es eine erstklassige Nusssoße. Josch ist mir in dieser Hinsicht um Lichtjahre voraus, er hat schon als Kind elektronische Spiele geliebt. Selbstverständlich hat er eine Website für unser Lokal eingerichtet, erledigt alle Überweisungen per Onlinebanking und installierte sowohl ein Abrechnungssystem als auch einen Kreditkartenautomaten. Mit Stolz trägt er eine Apple Watch am Handgelenk. Das alles ist mir ein bisschen unheimlich und ein Buch mit sieben Siegeln. Ich mag nun mal das alte Kochbuch und hänge an meinen soliden stromfressenden Küchengeräten.

Josch hat eine kleine Wohnung im ausgebauten Dachboden, der wie in vielen alten Häusern früher zum Wäscheaufhängen gedacht war. Ich bin nur selten dort oben gewesen, könnte aber jederzeit die steile Treppe hinaufstiefeln und mich unter einem Vorwand einmal umsehen. Die Zimmer sind nämlich nie abgeschlossen. Manchmal hätte ich nicht übel Lust, in Joschs Abwesenheit ein wenig zu spionieren, ich habe es auch schon ansatzweise getan. Aber private Geheimnisse ruhen heutzutage ja nicht in einem Schatzkästlein, sondern im PC – und an den traue ich mich nicht ran. Vielleicht sucht Josch schon lange nach der idealen Freundin oder hat sie bereits gefunden. Ich weiß sowieso nicht, wann er abends zu Bett geht. Wenn die Küche endlich geschlossen hat, bin ich todmüde, begebe mich auf der Stelle in mein Schlafzimmer und schlafe sofort ein. Josch bleibt, bis auch der letzte Gast gegangen ist, und darf dafür morgens ausschlafen. Was macht er aber in seiner freien Zeit? Er darf sich seine Arbeit so einteilen, wie er es für wichtig und angemessen hält, und das klappt bisher gut.

Seit Jahren durchstöbert meine Freundin, ehemalige Klassenkameradin und Hilfsköchin Nicole das Netz nach einem passenden Mann. Dabei erklärte sie mir, dass sie oft Bekleidung im Internet kaufe, dann aber viel wählerischer sei als in einem Geschäft. »Ich vergleiche, prüfe, verwerfe und brauche viel Zeit, bis ich die Bestellung tatsächlich abschicke. Und so ähnlich geht es mir bei den Männern, die sich anbieten. Die Auswahl ist riesig und macht es einem gerade deswegen sehr schwer.«

Es könnte durchaus sein, dass auch Josch ein Doppelleben führt und Kontakte hat, von denen ich nichts ahne. Genau genommen ist er mir auch keine Rechenschaft schuldig.

Übrigens habe ich keine Sekunde lang geglaubt, dass Josch ein Briefchen an junge Mädchen schreiben würde. Falls er sich privat mit Lucy verabreden wollte, hätte er sie einfach gefragt. Abgesehen davon, dass sie – wie alle in ihrem Alter – ihre *little black box* nie aus der Hand gibt und auch auf diese Weise immer erreichbar wäre. Und wenn Josch aus irgendeinem Grund wirklich mal einen Brief schreiben müsste, dann auf keinen Fall handschriftlich, sondern auf der Tastatur.

Gerade weil ich meinen schreibfaulen Partner für unschuldig halte, kreisen meine Gedanken immer wieder um den wahren Täter, der anscheinend in Joschs Namen Lucy zu einem Date bestellt hatte. Wer konnte ihr diesen boshaften Streich gespielt haben? Es musste schließlich jemand sein, der sich hier auskannte und der damit rechnete, dass das naive Mädchen darauf hereinfallen würde. Es konnte sogar der Racheakt einer Konkurrentin sein. Nach längerem Nachdenken hatte ich aber zwei Freunde in Verdacht, die oft ihr Bier bei uns tranken und die Szene hier wohl genau beobachteten. Der eine war Friseur und trug meist ein T-Shirt mit der Aufschrift *Make hair not war!*, der andere hatte sich für einen noch platteren Aufdruck entschieden: *Love ist the drug*. Zu dieser abgedroschenen Art von Humor passte der gefakte Brief ganz gut. Vielleicht hatten die Scherzkekse Lucy sogar beschattet und sich ins Fäustchen gelacht, als sie weinend unter der Laterne stand. Doch wie konnte ich die zwei Typen mit einer raffinierten Frage überführen? Ein solches Verhör verwarf ich aber wieder, denn ich wollte auf keinen Fall diese zahlkräftigen Stammgäste durch meine Neugierde verärgern.

6

# Josch, der Retter

Im Augenblick bin ich der Hahn im Korb, weil ich den Gemüsemann nicht als Konkurrenz betrachte. Um mich herum arbeiten lauter Frauen, im Laufe der Zeit waren es junge und alte, dicke und dünne, hübsche und hässliche, kluge und doofe. Die Einzige, die von Anfang an dabei war, ist Irmas Freundin.

Nicole ist zwar keine gelernte Köchin, aber inzwischen könnte sie den Laden auch allein stemmen. Irma ist eine robuste Frau und war bisher noch nie krank, aber auch das wäre inzwischen keine Katastrophe, denn Nicole weiß längst, wie man nicht nur unseren Renner, eine perfekte Parmigiana, hinkriegt. Das soll aber möglichst niemand wissen, denn Irma ist ziemlich gefallsüchtig – vielleicht gerade wegen ihrer Minderwertigkeitskomplexe. Um ihre körperlichen Defizite zu kompensieren, möchte sie wenigstens als unersetzbare Perfektionistin gelten, für ihre Kreativität gelobt und bewundert werden und nicht bloß als Aschenputtel unsichtbar hinter ihrem Herd verschwinden. Wenn sie ihre seltsame violette Kappe aufsetzt, die Küche verlässt und als leibhaftige Aubergine die Bühne betritt, will sie den Beifall des Publikums genießen. Im Restaurant geht sie gern von Tisch zu Tisch und plaudert mit unseren Gästen über Zutaten und Zubereitungsmethoden, über die Vorteile vegetarischer Ernährung und über das Befinden der werten Kundschaft. Sie weiß, dass sie sich bei ihrem Rundgang Zeit lassen kann, weil unter Nicoles Tatkraft und Aufsicht der Betrieb im Hintergrund perfekt weiterläuft. Aber Irma duldet nicht, dass ihre Freundin im Restaurant auftaucht, eifersüchtig beharrt sie auf dem eigenen Status als Primadonna assoluta. Auch bei mir runzelt sie missbilligend die Stirn, wenn ich mit interessanten Gästen mehr als ein paar Worte wechsle.

Bei der Arbeit ist unsere Hilfsköchin Nicole konzentriert, pünktlich und freundlich, allerdings muss man sie immer wieder mal darauf hinweisen, dass sie ihre blonde Mähne beim Kochen nicht offen tragen darf. Leider ist sie nicht die hellste Kerze auf dem Kuchen. Die Schnellste ist sie auch nicht gerade, zwar immer noch dreimal besser als der Gemüsemann, aber längst nicht so fix wie unser Teenager Lucy. Im Privatleben hatte Nicole wenig Glück. Schon mit achtzehn Jahren bekam sie ihr erstes Kind, mit zwanzig das zweite, jeweils nach einer flüchtigen Beziehung mit einer anderen Knalltüte. Nicole hatte aber insofern Glück im Unglück, als sie wieder bei ihrer Mutter einziehen konnte, die sich um die Enkel kümmerte. Inzwischen sind die beiden Söhne schon groß, wohnen aber immer noch zu Hause und erscheinen gelegentlich als Kostgänger bei uns, aber im Grunde sind es eingefleischte Karnivoren.

Irma und ich wissen, dass Nicole die Suche nach einem geeigneten Partner niemals aufgeben wird. Jetzt, wo die Söhne nicht mehr an ihrem Rockzipfel kleben, hätte sie auch keine schlechten Chancen. Für ihre vierzig Jahre sieht sie noch passabel aus, kleidet sich jugendlich und hat im Gegensatz zu Irma eine hohe Mädchenstimme. Eine Weile hatte sie auch mich im Visier, denn ich muss gestehen, dass es ein einziges Mal zu einer Entgleisung kam. Es war schon spät, die Gäste hatten das Haus verlassen, Irma lag längst im Bett. Wir räumten auf und tranken halb leere Weingläser aus, eine Unsitte, die ich mir daraufhin abgewöhnt habe. Schließlich folgte mir Nicole in meine Mansarde, und ich war sehr erleichtert, dass sie als Folge kein drittes Kind bekam. Von meinem Ausrutscher darf Irma auf keinen Fall etwas erfahren, sie würde uns niemals verzeihen. Nach diesem Vorfall war es nicht leicht, Nicole immer wieder diskret abzuwimmeln, ohne sie dabei allzu sehr zu kränken. Vor allem darf ich ihr nicht sagen, wie sehr mich ihr schlecht verheiltes Lippenpiercing stört. Hin und wieder erlauben wir uns allerdings eine lässliche Sünde und grillen uns noch um Mitternacht eine Nürnberger Rostbratwurst, die Nicole eingeschmuggelt hat. Sie trinkt dazu einen Absacker, ich lasse es tunlichst bleiben. Im Gastgewerbe gibt es leider allzu viele Kollegen, die dem Suff ergeben sind. Wenn sie Glück haben, beginnt mit vierzig bloß der berühmte Bierbauch oder die sogenannte Alkoholschwangerschaft zu gedeihen. Doch es kann schlimmer kommen, Leberzirrhose gilt insgeheim als Berufskrankheit. Der Beruf des Kellners ist auf die Dauer sowieso kein Zuckerlecken, schweres Schleppen geht auf die Knochen, Schäden an Schulter, Rücken und Knie sind vorprogrammiert, dazu kommen familiäre Probleme durch die ungünstigen Arbeitszeiten. Wer sollte es nicht verstehen, dass sich manche Kollegen mit Alkohol über Wasser halten. Nicole ist ein Grenzfall, während der Arbeit rührt sie keinen Tropfen an, aber hinterher … Wenn sie zu später Stunde nach Hause geht, ist sie stoned oder freundlicher gesagt: durchaus entspannt. Im Gegensatz zu ihrer Chefin Irma rührt Nicole das hausgemachte Essen kaum an und ist schlank geblieben. Die Freundinnen sind fast ein ebenso ungleiches Paar wie der spannenlange Hansel und die nudeldicke Dirn, wobei sie sich in der Körpergröße allerdings nur um eine Kopflänge unterscheiden. In ihrer Schulzeit wurden sie, neben anderen Spitznamen, auch *Pat und Patachon* genannt. Während sich Irma über blöde Sprüche mächtig ärgern kann, bleibt Nicole stets gelassen. »Eh isch misch uffresch, is mir's lieber egal«, pflegt sie zu sagen.

Beide Frauen halten mich für überaus klug und gebildet, was mir einerseits schmeichelt, andererseits aber nicht ganz berechtigt ist. Irma und Nicole glauben, dass bereits das Abitur ein Zeichen großer Intelligenz sei, eine Universität gar das Zentrum allen menschlichen Wissens. Auch wenn ich leider mein Studium nicht abgeschlossen habe, werde ich für eine intellektuelle Koryphäe gehalten, was mir manchmal fast peinlich ist. Dabei hätte Irma das Zeug zu einem akademischen Beruf gehabt, nur leider nicht die Kraft, sich gegen ihre Eltern durchzusetzen. Immer wieder beteuert sie, dass ich überqualifiziert sei und sie mir aus Dankbarkeit am liebsten den gesamten Gewinn überlassen würde. Denn wenn sie selbst auch sehr sprachbegabt und kreativ ist, über viel Empathie verfügt und logisch denken kann, so ist ihr andererseits das kaufmännische Kalkulieren völlig fremd. Doch ich bin schließlich kein Aasgeier und Ausbeuter, der Irmas rückhaltloses Vertrauen oder gar ihre Liebe ausnutzen würde.

Montags ist das Restaurant geschlossen. Irma schläft dann ausnahmsweise sehr lange, während ich sogar noch vor ihr aufstehe. In der Küche und im Restaurant ist Großputz angesagt, ein zuverlässiges Ehepaar aus der Nachbarschaft sorgt einmal in der Woche für eine gründliche Reinigung, an den anderen Tagen macht es eine arbeitslose Frau, die zu meinem Ärger nicht angemeldet ist. Da auch die Friseure am Montag geschlossen bleiben, schneiden sich Irma und Nicole alle naslang gegenseitig die Haare, allerdings nicht immer in Irmas Badezimmer, sondern manchmal auch bei Nicole zu Hause. Gelegentlich gehen die beiden auch shoppen, doch meistens nur im Drogeriemarkt. Klamotten lässt sich Irma von einer Bekannten nähen, weil sie mit den Einheitsgrößen Probleme hat. Im Grunde bin ich dann frei von Pflichten und kann nach Lust und Laune nach Frankfurt fahren, um dort ins Kino zu gehen, ein Lammkotelett zu essen und vielleicht sogar mit hübschen Mädels anzubändeln.

Statt den Wagen zu nehmen, setze ich mich meistens in die Bahn, denn die Parkgebühren in der Großstadt sind teurer als die Fahrkarte. Im Gegensatz zu meinen Mitreisenden schaue ich nach wie vor lieber aus dem Fenster als auf das Handy, obwohl ich die kurze Strecke in- und auswendig kenne. Da ich Musik dabei höre, kommt es mir vor, als säße ich im Kino. In meinem privaten Naturfilm entdecke ich manchmal Kühe auf der Weide, einen Storch auf einer Wiese, einen Hasen auf dem Feld oder einen Schwarm Saatkrähen. Ein kindlicher Aberglaube gaukelt mir vor, dass mir jedes Tier am Rande der Bahnlinie Glück bringen wird. Manchmal stelle ich mir sogar vor, dass ich auf einem schwarzen Mustang neben dem Zug hergaloppiere. Ich mag alles, was da kreucht und fleucht, hätte gern einen Hund oder eine Katze, aber in unserem Restaurant würden sie nur fett und träge, ganz abgesehen davon, dass Irma es unhygienisch findet.

Als ich neulich wieder mal leicht verträumt im Großraumabteil saß und endlose Maisfelder an mir vorüberhuschen sah, meinte ich plötzlich eine vertraute Stimme zu erkennen und nahm die Kopfhörer ab. Anscheinend unterhielt sich Lucy direkt hinter mir mit einer Freundin.

»Heute kommt bestimmt kein Kontroletti«,

sagte das andere Mädchen, »mach dir keinen Stress, ich bin noch nie erwischt worden.«

Also hatten die beiden kein Ticket, aber in diesem Alter bin ich selbst oft schwarzgefahren und grinste nur verständnisvoll.

Doch kurz darauf ertönte eine herrische Stimme aus dem Hintergrund: »Fahrkartenkontrolle!«, und die beiden Mädchen bekamen sicherlich einen Schrecken.

»Komm, wir schließen uns im Klo ein«, piepste Lucy und sprang auf. Doch bevor sie fliehen konnte, hörte ich ein dreckiges Lachen, und vier jugendliche Rotzlöffel stellten sich den Mädels in den Weg.

»Reingefallen!«, sagte ein bulliger Typ, und seine Kumpel wollten sich ausschütten vor Lachen.

»Verpisst euch, ihr bescheuerten Vollpfosten«, schimpfte Lucy.

»Träum weiter«, sagte der Anführer. »So leicht kommt ihr nicht davon! Handys her, sonst holen wir einen echten Schaffner!«

»Ihr Nullchecker, ihr seid wohl völlig schmerzfrei«, zischte jetzt Lucys Freundin. »Es sitzen ja noch andere Leute im Zug, wenn wir jetzt schreien, werdet ihr klein wie eine Schmeißfliege ...«

In diesem Moment hielt es mich nicht mehr auf meinem Sitzplatz, ich fuhr hoch und baute mich vor den vier Rowdys in voller Größe auf. Lucys

Erleichterung bei meinem Anblick war gut sichtbar.

»Seht ihr? Dieser starke Typ hat alles mitgekriegt, und wir haben seinen vollen Support! Außerdem ist er bestimmt nicht der Einzige!«

»Okay, ciao!«, sagte einer der Rotzlöffel. »Für den Augenblick ist Waffenstillstand. Aber glaub bloß nicht, dass wir dich vergessen. Ich weiß, wo dein Haus wohnt ...«

»Schluss jetzt«, donnerte ich und zückte mein Handy. »Ich rufe jetzt die Polizei, die wird euch am Hauptbahnhof in Empfang nehmen.«

Die Jungs lachten zwar höhnisch, trollten sich aber tatsächlich. Wir konnten beobachten, dass sie bereits in Frankfurt-Louisa ausstiegen.

»Aber hallo! Die Alpha-Kevins haben jetzt Muffensausen«, stellte die Freundin fest, während Lucy mich anlächelte, dass mir ganz flau im Magen wurde.

»Was habt ihr denn heute vor?«, fragte ich.

»Shoppen«, antwortete Lucy. Was sonst hätte ich erwarten können, aber ich sah ein, dass ich bei diesem Vorhaben unerwünscht war. Und ich verschwieg tunlichst, dass ich den Zoo besuchen wollte. Sie würden mich für infantil oder – schlimmer noch – für senil halten.

Als wir uns am Hauptbahnhof verabschiedeten,

umarmte mich Lucy zum Zeichen ihrer Dankbarkeit mit großer Inbrunst. Ich konnte nicht anders und habe das Mädchen geküsst. Es entging mir nicht, dass sie ihrer Freundin einen blitzschnellen, aber vielsagenden Blick zuwarf.

## 7
## Vinzent

Mein Vorname Vinzent kommt aus dem Lateinischen und bedeutet *der Siegreiche*. Ich bin heute froh, dass sich meine Eltern nicht für den damals so beliebten *Siegfried* entschieden haben, obwohl ich als Kind natürlich am liebsten wie alle anderen geheißen hätte – zum Beispiel Jürgen, Klaus oder Günther. Meinen Zweitnamen habe ich schon lange diskret verschwinden lassen, denn leider hatte man mich auch zum Horst gemacht.

Mein Doktortitel und mein seltener Nachname Soloth sind ebenfalls keine Dutzendware und prägen sich ein. Für eine akademische Karriere sollte das kein Nachteil sein, aber leider habe ich es nie zu einer Dozentenstelle gebracht. Andererseits fühlte ich mich, versteckt zwischen staubigen Bücherreihen, in der gedämpften Atmosphäre meiner Fachbibliothek immer recht wohl.

Nun ist es so gekommen, dass ich im hohen Alter noch ein Leben kennenlerne, mit dem ich bisher noch nie in Berührung gekommen bin. Nicht nur, dass ich als Wissenschaftler in einer Küche arbeite, ich entdecke auch meine Fähigkeiten als Spitzel. Dank meines Hörgerätes werde ich Zeuge von trivialen oder intimen Gesprächen, die mich zwar nichts angehen, aber immer mehr interessieren. Man hält mich für nahezu taub, und bis auf Irma halten mich auch alle für dement. Ein alter Trottel, der gerade noch für die einfachsten Arbeiten taugt und dazu noch blöd genug ist, keinen Lohn dafür zu verlangen. Keiner weiß, dass ich ein solches Taschengeld überhaupt nicht nötig hätte, da ich eine anständige Rente erhalte und in meinem eigenen Haus wohne. Abgesehen davon verfüge ich über die Mieteinnahmen einer ererbten Villa im Frankfurter Speckgürtel. Daher könnte ich mir alles Mögliche an Luxus leisten, aber ich bin wohl zu alt, um noch Freude daran zu empfinden. Für mich ist es ein überaus behaglicher Zustand, in dieser warmen Küche unter der Herrschaft einer herzensguten Frau vor mich hin zu werkeln. Vielleicht bin ich in gewisser Hinsicht sogar etwas infantil geworden, denn hier fühle ich mich wie als Kleinkind, als ich meiner Mutter beim Kochen helfen wollte und einen Blechtopf und einen Holzlöffel zum Spielen erhielt. Gelegentlich macht es mir richtig Spaß, in die Rolle des vertrottelten Greises hineinzuschlüpfen und absichtlich besonders einfältige Antworten zu geben oder saudumme Fragen zu stellen. Natürlich nicht bei Irma, die mich immer mit Respekt behandelt. Sie kann nicht ahnen, dass ich ihr testamentarisch mein Häuschen zugedacht habe, es liegt ja nur wenige Gehminuten vom Restaurant entfernt. Meine Söhne erben schließlich die noble Immobilie in Oberursel.

Wenn hinter Irmas Rücken gelästert wird, spitze ich sofort die Ohren. Sollte irgendeine Intrige gegen sie vorbereitet werden oder auch nur eine unflätige Bemerkung fallen, dann werde ich es ihnen irgendwie heimzahlen. Eigentlich sollten alle, die hier beschäftigt sind, ihrer Chefin mehr als dankbar sein, denn sie hat die meisten nicht nach ihrer Qualifikation, sondern nach ihrer Bedürftigkeit angestellt. Trotzdem wird manchmal herumgemotzt, wenn die zugewiesene Arbeit als zu hart oder zu dringlich empfunden wird. Bisher hielt sich das Gemaule aber in Grenzen, so dass ich es hinnahm.

Neulich hatte ich einen wunderbaren Traum: Irma und ich waren verheiratet, alterslos, glücklich, einander vertrauend. Es war ein Paradies, aber leider nicht die Realität. Ich würde mich lächerlich machen, wenn ich ihr meine schwärmerische Zuneigung allzu deutlich zeigen würde.

Dabei fällt mir ein Fall ein, den mir vor Jahren ein befreundeter Jurist erzählt hatte. Ein alter Mann verliebte sich in ein junges Flittchen, das ihn nach Strich und Faden ausnahm. Er war keineswegs naiv und durchschaute ihr Kalkül, blühte aber trotzdem regelrecht auf. Seine eigenen Kinder kümmerten sich kaum um ihn, jetzt genoss er Zärtlichkeit, Bewunderung und fröhliche Gesellschaft. Als er ein Testament zu ihren Gunsten verfasste und seine Kinder davon erfuhren, versuchten sie, ihren Vater entmündigen zu lassen. Allerdings konnten zwei unabhängige Gutachter keine krankhafte Störung seiner Geistestätigkeit feststellen. Der alte Herr hatte glaubhaft versichert, zwar zu wissen, dass es die junge Frau hauptsächlich auf sein Geld abgesehen habe, ihre Zuwendung ihn aber trotzdem glücklich mache. Seine Kinder hätten es dagegen an Fürsorge völlig fehlen lassen, sollten nur den Pflichtteil erhalten und mussten es wohl oder übel akzeptieren.

Natürlich ist dieser Kasus nicht mit meiner Situation zu vergleichen. Irma ist kein Flittchen, sondern durch und durch ein warmherziger Mensch und überhaupt nicht berechnend. Sie ahnt noch nicht einmal, dass ich vermögend bin. Aber meine Söhne würden eventuell ähnlich reagieren und mich am liebsten in eine Anstalt einweisen lassen.

Ich bin froh, dass sie mich nicht in einem malvenfarbenen Kittel Gemüse schneiden sehen.

Ich könnte Irma die Vorteile einer Heirat vielleicht auf rein pragmatische Weise schmackhaft machen: Bei meinem Ableben würde sie mit einer angemessenen Witwenrente rechnen können. Doch was würde diese gradlinige Frau von einem solchen Deal halten? Und was würden meine Söhne dazu sagen? Es bleibt wohl bloß bei Träumen und Gedankenspielen, aber erben soll meine geliebte Köchin so oder so.

Wohl oder übel muss ich zugeben, dass dieser große, ewig schwadronierende Hanswurst mit dem hässlichen Namen für Irma unentbehrlich ist. Leider weiß Josch es nur zu gut und spielt sich oft auf, als wäre er der eigentliche Besitzer und Chef des Restaurants. Er mokiert sich zwar über Nicole, wenn sie beim Kochen ihre weizenblonden Haare gelegentlich mal flattern lässt, hat aber selbst eine ganz unmögliche Frisur, nämlich eine Art weibischen Haarknoten oder Dutt. Wenn er keinen Bart hätte, könnte man ihn für ein langes dürres Frauenzimmer halten. Man müsste eigentlich erwarten, dass sich die Damenwelt mit Grausen von ihm abwendet! Doch das Gegenteil scheint der Fall zu sein, wie man an der blutjungen Lucy und auch an Irmas Freundin Nicole beobachten kann. Manchmal verstehe ich die Welt nicht mehr.

Schon längst habe ich bereut, dass ich mich an Lucy rächen wollte und eine gefälschte Botschaft ihres Angebeteten in ihre Tasche gesteckt habe. Das gedemütigte Mädchen war todunglücklich, während der Kerl sich wohl nur ins Fäustchen gelacht hat. Umgekehrt hätte ich es machen sollen, dieser Casanova hätte eine Blamage viel eher verdient. Manchmal ärgere ich mich bei seinem bloßen Anblick. Zu meinem Bedauern scheinen sich Lucy und Josch aber nach diesem Vorfall und einer kurzen Eiszeit wieder versöhnt zu haben.

Es kommt mir sehr entgegen, dass dieser Angeber spät aufzustehen pflegt und erst lange nach mir zum Dienst erscheint. Sicher, er muss dafür abends bis zum Zapfenstreich arbeiten, und mir soll es nur recht sein, wenn er nicht ständig in meiner Nähe herumwieselt. Wenn er schließlich aufgetaucht ist, nimmt er telefonische Reservierungen an, sitzt im noch leeren Restaurant, trinkt Kaffee und tippt auf seinem Laptop herum. »Buchführung«, hat mir Nicole erklärt. Aber alles in allem treibt er sich gern in der Küche herum, grapscht gelegentlich mit den Fingern in einen halb fertigen Salat und scherzt mit allen fleißigen Frauen, logischerweise nie mit mir.

Besonders suspekt ist mir aber Irmas Beziehung zu diesem Josch. Sie tun sehr vertraut miteinander, manchmal fast wie alte Eheleute. Ob sie früher einmal ein Liebespaar waren? Und ob Irma auf einen Neustart hofft? Er ist bestimmt kein Kostverächter, ich traue ihm durchaus zu, dass er ständig Affären hat. Vielleicht ist er aber auch schwul, und ich müsste mir keine Sorgen um Irma machen. Allerdings kenne ich mich in dieser Szene nicht aus und weiß nicht, ob seine seltsame Haartracht etwas zu bedeuten hat. Je länger ich darüber nachdenke, desto mehr würde eine solche Veranlagung für eine harmlose, geschwisterlich-freundschaftliche Beziehung zwischen meiner Irma und ihrem Oberkellner sprechen. So wäre es mir auf jeden Fall am liebsten! Andererseits ist die kleine Lucy in Josch verliebt – und die weiß in der heutigen Welt besser Bescheid als ich. Leider, leider ist Josch also doch kein Homo. Ganz abgesehen davon, dass ein moderner selbstbewusster Mann kein Geheimnis daraus machen würde. Und es ist gut, dass niemand Gedanken lesen kann, denn wenn ich über meine geheimen Wünsche und Ängste sprechen würde, könnten mich jüngere Menschen für hoffnungslos reaktionär halten.

Dabei habe ich in puncto Essgewohnheiten schon immense Fortschritte gemacht. Meine verstorbene Frau kochte stets nur unsere traditionellen Standardgerichte, an Sonntagen kam ein altbewährter gutbürgerlicher Schweinebraten auf den Tisch. Fleisch gab es jeden zweiten Tag, nicht übermäßig viel, aber doch regelmäßig. Nun habe ich erkannt, dass Irma ihr Gemüse so liebevoll behandelt, als ob es Kalbsschnitzel wären, die Auberginen zum Beispiel paniert und in der Pfanne brät. Und da ich nicht mehr zubeißen kann wie ein Jüngling, ist ihre samtige Risotto-Kreation zu meinem Leibgericht geworden, ich bin zum Vegetarier mutiert und trinke Gänsewein statt Rebensaft. Manchmal mixt mir Irma auch noch rasch einen Gemüsebrei aus allerlei Resten – etwa Pastinaken, Kürbis, Brokkoli und Kartoffeln –, würzt mit Kräutern und Rapsöl und macht mich glücklich und zufrieden wie einen satten Säugling. Als ehemaliger treudeutscher Kartoffelesser habe ich mich erstaunlicherweise mit den Resten der angebotenen Kinderteller angefreundet, denn Irma überbäckt die Nudeln extra für mich mit Gorgonzola, Pesto, Ricotta oder sogar mit Zitronenzesten. Es war für mich ebenso eine Offenbarung wie ihre Salate, die mit Ahornsirup oder Honigsenf gewürzt werden.

Nicht alle, die hier arbeiten, sind überzeugte Vegetarier, wahrscheinlich sogar die wenigsten. Doch Irma ist zum Glück keine Dogmatikerin, sie möchte nur, dass man nicht gerade in ihrer Gegenwart über ein Holzfällersteak herfällt. Manchmal, wenn ihr eine endlose oder überflüssige Diskussion auf den Wecker geht, beendet sie das Gespräch mit einem resoluten *Basta!* Leider fährt sie dem Schlawiner an ihrer Seite aber nie übers Maul, sondern scheint ihn zu bewundern.

Dabei kam mir eine Idee, wie ich den nach Zigarettenrauch stinkenden Josch durch ein zusätzliches Parfüm noch attraktiver für die Damenwelt machen könnte. Der Zufall kam mir zu Hilfe, als ich im Biomüll einen Weichkäse entdeckte, den Irma nicht ohne Grund entsorgt hatte; wahrscheinlich handelte es sich um einen verschimmelten Romadur. Niemand beachtete mich, als ich Gemüseschalen in den Eimer schabte und dabei den Stinker mit einer Gabel unauffällig aufspießte und herauszog. Ich wickelte ihn in Küchenpapier und begab mich zum Schein auf die Toilette, in Wahrheit aber zur Garderobe. Dort stopfte ich den Käse – natürlich ohne die Umhüllung – in die innere Brusttasche von Joschs abgetragener Joppe. Ein kleiner Gruß aus der Küche, dachte ich. Irgendwie empfand ich ein gutes Gefühl bei dem Gedanken, dass es sich um eine Art Ausgleich handelte, denn auch Lucy hatte eine Überraschung in ihrer Jackentasche gefunden. Ich grinste vor mich hin und fühlte mich wieder ganz, ganz jung. Seit über siebzig Jahren hatte ich keine Streiche mehr gespielt.

## 8
## Irma, der Mehlsack

Manchmal schwirrt mir der Kopf von den vielen Ratschlägen, mit denen mich einige meiner Gäste bombardieren. Manche sind Pescetarier und wollen auch mal Fisch bei mir essen, andere sind missionarische Vegetarier, Flexitarier oder Ovotarier. Für neue Ideen bin ich zwar prinzipiell aufgeschlossen, aber ich muss nicht jedes sogenannte Superfood auf der Speisekarte haben. Lupinenhummus habe ich zum Beispiel aus purem Trotz gar nicht erst ausprobiert. Da sind mir konservative Gäste, die immer bloß ihr Lieblingsmenü bestellen, fast noch lieber. Auch der Doktor ist mit seinen ewigen Reisbällchen am glücklichsten, er behauptet sogar, dieses Gericht sei für ihn eine Offenbarung gewesen.

Neulich wollte mir der gute Mann wahrscheinlich einen verschlüsselten Antrag machen. Ich merkte gleich, dass er noch etwas auf dem Herzen hatte, als er mich nach getaner Arbeit und verzehrtem Mittagessen am Ärmel packte und festhielt.

Obwohl ich viel zu tun hatte, setzte ich mich neben ihn und hörte mir sein Lob leicht amüsiert sowie etwas geschmeichelt an. Anschließend druckste er noch etwas herum, schließlich wollte er wie ein fürsorglicher Vater wissen, wie es mit meiner Altersversorgung aussehe.

»Da brauchen Sie sich keine Sorgen zu machen«, sagte ich. »Wie ich mich kenne, werde ich bestimmt nicht verhungern!«

Doch er schien mir meinen Optimismus nicht abzukaufen und sprach ausführlich von einer jungen Bekannten, die seinen alten Freund Erich geheiratet habe und kürzlich Witwe geworden sei. »Die beiden hatten noch zehn glückliche Jahre miteinander und konnten wunderschöne Reisen unternehmen, die sich die Frau zuvor nie hätte leisten können. Aber nun bekommt sie eine gute Rente und hat noch eine lange aktive Zeit vor sich …«

Irgendwie fühlte ich mich bei diesem Gespräch ein wenig unbehaglich, ich beendete es abrupt, überreichte Dr. Soloth sein Doggybag und verabschiedete ihn. Später gingen mir seine Worte aber immer wieder durch den Kopf. Ob er mir mit seiner Geschichte die Vorteile einer Vernunftehe schmackhaft machen wollte? Ein alter, verwitweter Mann bekam in diesem Fall eine kostenlose Haushälterin und Pflegerin, die viel jüngere Frau eine abgesicherte Zukunft als Lohn. Aber wie stand es mit dem Sex? Wenn der Alte zwar noch wollte, aber nicht mehr richtig konnte, wenn die Junge zwar Ansprüche hatte, aber mit seinen bescheidenen Möglichkeiten immer unzufriedener wurde? Wenn sich die Frau vielleicht noch Kinder wünschte? War der Deal für beide Teile gleich gut, wie mein Gemüsemann behauptete? Wollte er mich mit diesem Beispiel auf einen eigenen Antrag vorbereiten?

Zu einer solchen Situation durfte es gar nicht erst kommen, denn ich würde ihn auf jeden Fall mit meiner Ablehnung demütigen. Ganz abgesehen davon war Dr. Soloth zwar kein armer Schlucker, aber bestimmt auch kein Millionär. Er hatte zwei Söhne, die wahrscheinlich die verstorbene Mama nicht durch eine gleichaltrige Stiefmutter ersetzt haben wollten.

Spaßeshalber beschloss ich, Josch mit todernster Miene um Rat zu fragen und ihn vielleicht ein wenig eifersüchtig zu machen.

Seine Reaktion war ein schallendes Gelächter. »Das fragst du mich doch nicht im Ernst?«, sagte er. »Du überlegst tatsächlich, ob du einen dementen Tattergreis heiraten willst? Im Augenblick kann er immerhin noch Gemüse schneiden, aber über kurz oder lang müsstest du ihn füttern, windeln und im Rollstuhl herumfahren – also ein Fulltime-

Job. Deinen Beruf oder deine Berufung als Köchin könntest du dir abschminken. Und das alles nur für eine etwas bessere Rente?«

Jetzt wurde ich bockig, denn eigentlich hatte ich gehofft, dass Josch etwas anderes sagen würde, zum Beispiel: *Wenn du unbedingt heiraten willst, dann nimm lieber einen jungen Mann – zum Beispiel mich.* Also konterte ich: »Warum eigentlich nicht?«

»Wenn ich es allerdings gründlich überdenke, dann solltest du zugreifen«, spottete Josch, »erstens könntest du die schweren Pflegejahre verkürzen, indem du ihm eine Prise Arsen in den Reis gibst. Zweitens ist dieser alte Sack endlich mal ein Kerl, der größenmäßig zu dir passt.«

Es war das erste Mal, dass Josch auf meine körperlichen Defizite anspielte und mich damit tief verletzte. Sofort fiel mir eine uralte Kränkung beim verhassten Sportunterricht wieder ein. *Mehlsack* hatte mich meine sadistische Turnlehrerin genannt, wenn sie mich hilflos am Reck hängen sah. Sie war ebenso groß und schlank wie Josch und hatte stets die Lacher auf ihrer Seite. Ein Mehlsack und ein alter Sack passen natürlich perfekt zusammen, dachte ich wütend.

»Und ich blöde Kuh habe geglaubt, du wärst mein Freund«, brachte ich mühsam heraus und schluchzte. Josch ruderte sofort zurück.

»Aber, aber, ich habe doch nur Spaß gemacht«, sagte er und zog mich kurz an sich. »Ich wollte dich doch nicht kränken, never ever! Du bist aber sehr empfindlich heute …«

Es trug nicht zur Verbesserung meiner trüben Stimmung bei, als Lucy lautstark herausposaunte, sie habe am nächsten Tag Geburtstag. Wahrscheinlich wollte sie erreichen, dass ich ihr freigeben würde. Doch wer das Berufsleben kennt, der weiß, dass man an einem Ehrentag höchstens mit einer kleinen Aufmerksamkeit rechnen kann, im Übrigen aber arbeiten muss.

Zu meiner Verwunderung hatte der Gemüsemann Lucys Ansage mitgekriegt und fragte mich, was er der Kleinen denn schenken könne und wie man ihren Geburtstag zu begehen gedenke. Eigentlich hatte ich geglaubt, dass er Lucy den Streich mit dem Plastikgemüse immer noch nicht verziehen hatte, aber anscheinend hatten sich die beiden längst wieder ausgesöhnt.

»Private Feiern gehören nicht in meine Küche«, sagte ich. »Wenn Lucy das erwartet, dann hat sie sich geschnitten, ich werde den Betrieb doch ihretwegen nicht schleifen lassen! Aber wenn Sie ihr unbedingt gratulieren wollen, dann reichen ein kräftiger Händedruck und eine Tafel Schokolade.«

»Finden Sie?«, sagte er. »Man wird schließlich nur einmal siebzehn! Da fällt mir sicher noch etwas Besseres ein!«

Am nächsten Tag hatte Josch dem Geburtstagskind tatsächlich einen Strauß rosa Moosröschen mitgebracht. Etwas bitter registrierte ich, dass er mir noch nie Blumen geschenkt hatte. Nicole entledigte sich einer Kollektion gesammelter Kosmetikpröbchen. Ich übergab Lucy eine Flasche Piccolo und sagte: »Party machen willst du ja sicher an deinem freien Montag und mit deinen Freunden, heute ist dafür leider keine Zeit.«

»Klar«, sagte sie. »Nur ist ein Montag für meine Kumpel leider ungünstig …«

Der Gemüsemann winkte sie schließlich zu sich und übergab ihr ein in rotes Kunstleder gebundenes Büchlein.

»Das ist ein Poesiealbum«, erklärte er, »es gehörte mal meiner Schwester. Ich weiß leider nicht, ob heute so etwas noch in Mode ist, aber man könnte es doch wieder einführen.«

Lucy grinste. »In der Grundschule hatte ich mal ein Freundschaftsbuch …«

»Die beschriebenen Seiten habe ich herausgelöst«, sagte Dr. Soloth und duzte sie plötzlich, »dafür habe ich dir etwas Neues hineingeschrieben, und wir alle sollten es heute ebenso machen, damit du eine ganz persönliche Erinnerung an diesen Tag hast.«

Im Hintergrund hörte ich Josch glucksen, und auch ich musste mühsam die Fassung bewahren. Aber ausgerechnet Lucy schien diese Idee gar nicht so abwegig zu finden. »Man könnte doch lustige Fotos machen«, schlug sie vor und blätterte, um den Eintrag des Gemüsemanns zu finden. Dann las sie etwas mühsam vor:

*Ein Jüngling liebt ein Mädchen,*
*Die hat einen andern erwählt;*
*Der andre liebt eine andre,*
*Und hat sich mit dieser vermählt.*

*Das Mädchen heiratet aus Ärger*
*Den ersten besten Mann,*
*Der ihr in den Weg gelaufen;*
*Der Jüngling ist übel dran.*

*Es ist eine alte Geschichte,*
*Doch bleibt sie immer neu,*
*Und wem sie just passieret,*
*Dem bricht das Herz entzwei.*

»Das Gedicht ist von Heinrich Heine«, sagte Dr. Soloth, »und alle jungen Menschen sollten es auswendig lernen.«

Im Hintergrund hörte ich, wie sich Josch jetzt aufregte: »Unerhört! Der gehört doch in die Klapsmühle!«

Doch Lucy wurde auf einmal nachdenklich und fragte: »Warum hat Ihre Schwester das Album denn nicht behalten?«

»Sie hat sich an ihrem siebzehnten Geburtstag das Leben genommen«, sagte Dr. Soloth. »Wahrscheinlich aus Liebeskummer, aber da sie keinen Abschiedsbrief hinterlassen hat, weiß man es nicht genau.«

Nicht nur Lucy, auch Josch, Nicole und ich erschraken. Auf einmal bekam das so leichtfüßig klingende Heine-Gedicht eine tieftraurige Bedeutung.

## 9
## Lucy in the Sky

Vor hundert Jahren war ein Poesiealbum total cool, und manchmal finde ich altmodische Sitten und Ausdrücke immer noch süß. Ich werde das rote Büchlein aber Birthday Book nennen. Der Doc hat mir ein Gedicht hineingeschrieben, in dem ein Jüngling vorkommt – ein wyldes Wort, das niemand mehr benutzt. Vielleicht sollte ich es recyceln! Auch alle anderen Mitarbeiter haben mir etwas reingeschrieben, Josch zum Beispiel mit goldenem Fasermaler in Riesenschrift: *Feel free!* Das ist zwar basically ein guter Spirit, aber ein paar Worte mehr hätten eher gematcht. Von unserer toughen Chefin wusste ich gar nicht, dass sie echt krass zeichnen kann. Insider erkennen mich an den roten Haaren, Irma an ihrem violetten Outfit. Wir halten uns wie Mutter und Kind an den Händen. Darunter steht:

*Wir arbeiten stets Hand in Hand:*
*du mit Gekicher, ich mit Verstand.*

Selbst Nicole hat sich etwas einfallen lassen, aber es ist so cringe, dass ich es lieber gar nicht erst erwähnen sollte, nämlich: *Das Glück ist ein Rindvieh und sucht sich seinesgleichen.* Die grottenschlechten Sprüche der anderen Knalltüten sind nicht viel besser. Wahrscheinlich hat eine der Aushilfen ihre Message ironisch gemeint: *Lieber den Magen verrenkt, als dem Wirt was geschenkt!* Zum Glück sind die Fotos aber top, ich muss sie nur noch zu Hause ausdrucken und einkleben. Vorher wird das Buch aber die Runde bei meinen Diggahs machen, hoffentlich kommt kein Bullshit dabei heraus. Manche aus meiner früheren Klasse nannten mich *Kichererbse,* aber ein bodenloser Typ machte daraus *Knallerbse*. Diesen Arsch habe ich auf ewig gecancelt, denn er behauptete außerdem, ich sei das Double einer haarigen Lucy, meiner drei Millionen alten affenartigen Vorfahrin. Er selbst sieht allerdings aus wie ein Pommesgrab, labert nur Dünnschiss und ist lästig wie eine Scheißhausfliege.

Der Moritz, ein anderer Jüngling, denn so werde ich ihn von jetzt an nennen, steht ganz oben auf meiner Partyliste. Er ist wohl immer noch in mich verknallt und bringt meinen Namen mit einem alten Hit unserer Großeltern in Verbindung. Immer wieder spielte er mir einen Song vor, der mir sogar gefällt: *Lucy in the Sky with Diamonds* von den

Beatles. Den Text habe ich, wie bei den meisten englischen Liedern, akustisch nicht geschnallt, aber immerhin diese Zeile: *a girl with kaleidoscope eyes,* was bestimmt etwas Geiles bedeutet. Und im Deutschen ist es doch echt cute, wenn Verliebte im siebten Himmel schweben. Moritz durfte sogar als Erster aus der früheren Klasse in mein rotes Büchlein schreiben. Zu meiner Verwunderung musste ich aber keinen englischen Spruch entschlüsseln, denn er schrieb: *Deine Ecken passen zu meinen Kanten!* Doch als ich blätterte, hat er sich auf der letzten Seite noch einmal unter einem Pseudonym verewigt: *True love is hard to find, easy to lose and difficult to forget.*

Das Gedicht vom Gemüsemann ist zwar uralt, passt aber zu meinem Jüngling, der mich liebt, ich aber einen anderen und so weiter. Ob der alte Knochen ahnt, dass ich voll auf Josch stehe und mehr erwarte als gemeinsames Rauchen?

Immerhin hat Josch mir Rosen geschenkt, zwar keine roten, sondern pinke – aber schließlich auch keine weißen oder gelben. Ich werde ihn bestimmt noch so hot machen, dass er mir die nächsten Rosen in Signalfarben überreichen wird. Blumen und Poesiealbum zum Siebzehnten – wenn das nicht hemmungslos retro ist! Meine Großmutter würde ausflippen.

Das rote Büchlein gehörte einmal einem Mädchen, das nur so alt wurde wie ich. Angeblich hat sie sich aus Liebesleid umgebracht, das klingt nach Kitschfilm. Ich würde das nie im Leben machen, es ist meiner Meinung nach eine völlig verpeilte Kurzschlusshandlung. Allerdings muss ich zugeben, dass ich auch mega down war und eine Stinklaune hatte, als ich bei einem angeblichen Date vergeblich auf Josch wartete. Und nur, weil mir irgendein kackdreister Wichser einen krassen Streich gespielt hat.

Wenn ich die Sprüche im Birthday Book lese, fällt mir auf, wie unterschiedlich Handschriften ausfallen können. In der Schule muss man wohl oder übel in Hefte schreiben, kaum ist man aber vom Zwang befreit, dann tippt man nur noch auf Notebooks und Handys herum und macht sich höchstens auf dem Einkaufszettel ein paar unleserliche Notizen. Es war deswegen totaler Shit, Josch einen handgeschriebenen Brief zuzutrauen. Seine zwei Worte im Album und das große J. darunter beweisen, dass es für ihn ein ungeübtes Exercise war. Dagegen ist das Heine-Gedicht sehr schwungvoll geschrieben, man checkt gleich, dass der alte Möhrenschäler nicht nur mit dem Küchenmesser, sondern auch mit dem Füller umgehen kann. Vielleicht habe ich den Grufti bisher etwas unterschätzt, und Josch hat mich in meinem negativen Urteil zusätzlich getriggert. Nur Irma hält zu ihm, aber die hat ja angeblich einen Busen aus Butter.

Eine Sekunde lang hatte ich sogar den saudummen Verdacht, der Gemüsemann hätte den Zettel geschrieben, um sich für das Plastikgrünzeug zu rächen. Als ich den Papierfetzen aber zum wiederholten Mal herauskramte und mit dem Eintrag im Album verglich, konnte ich keine Ähnlichkeit zwischen der Block- und Schreibschrift feststellen. Und plötzlich wurde mir klar, dass es Nicole gewesen sein musste, die mich wahrscheinlich von Anfang an nicht leiden konnte. Schließlich bin ich jünger und hübscher als sie. Wenn ich nicht völlig danebenliege, ist Irmas Busenfreundin ebenso scharf auf Josch wie ich, aber der würde sich niemals mit dieser unterirdischen Bitch mit Lippenpiercing abgeben.

Gegen Mitternacht ist Nicole immer voll wie ein Eimer, wie Josch mal ausgeplaudert hat. Neulich sah ich Restkotze auf ihrem oversized Blazer. Na warte, dachte ich, mir fällt schon etwas ein, womit ich sie reinlegen kann! Aber einen ähnlichen Zettel wollte ich ihr natürlich nicht in die Jackentasche schmuggeln, das wäre allzu auffällig. Mir fiel bestimmt eine bessere Lösung ein – schließlich war ich schon immer kreativ. Für meinen Vater hatte ich mal Lebensmittelfarbe unter die Kaffeemilch gerührt, was er aber weder lustig noch eklig fand. Ungerührt goss er auch mir die rote Brühe in den Kakao, stieß mit mir an und meinte: »Prost, mein kleiner Vampir! Auf unsere Blutsverwandtschaft.«

Doch vielleicht waren meine Streiche bisher immer etwas zu infantil, wie zum Beispiel das Fake-Gemüse für den alten Geringverdiener. Er bezeichnete meine Tat übrigens als *Schabernack*. In der Schule hatte ich mal astreinen Zickenalarm ausgelöst – den Sportunterricht geschwänzt und in der Umkleide die Schuhe meiner Klassenkameradinnen mit einem falschen Doppelgänger zusammengebunden. Eine andere Idee hatte ein Kumpel. Er erzählte, dass er seinem ungerechten Stiefvater einen toten Fisch unter die Fußmatte des Porsches gelegt hatte. Erst als der Gestank unerträglich wurde, fand man die Ursache. Auch Josch hat man schon mal reingelegt und ihm einen Stinkerkäse in die Jackentasche geschmuggelt. Solche plumpen Pranks sind inzwischen unter meinem Niveau. Abgesehen davon hat sich Nicole mit mir keinen harmlosen Aprilscherz erlaubt, sondern mir mit voller Absicht wehgetan. Es wäre nur gerecht, wenn ich sie ebenfalls verletzen würde, jedoch so geschickt, dass sie niemals auf die Idee käme, mich zu beschuldigen. Deshalb wollte ich mir meine Wut vorläufig gar nicht anmerken lassen, sondern auf zuckersüß machen. Leider hält Irma hundertprozentig zu ihrer Jugendfreundin und würde ihr sofort mit Riesenpower unter die Arme greifen, wenn es nötig wäre.

Auch in meiner früheren Schule gab es Mobbing, Schnappschüsse von gähnenden Lehrern waren noch Pipifax, gemeiner waren peinliche Fotos von ihrer nackigen Ex, die von abgehängten Mackern ins Netz gestellt wurden. Es soll schon zu Selbstmordversuchen gekommen sein, wobei es anscheinend auch in vergangenen Zeiten Kurzschlussreaktionen gab, so wie bei der Schwester des Gemüsemanns. Natürlich würde ich niemals einen Menschen derart in Verzweiflung stürzen, dass er nicht mehr leben wollte. Ein Foto der sturzbetrunkenen Nicole würden ihr zwar Spott und Häme einbringen, aber nicht gleich zu einer schweren Depression führen. Doch wie konnte ich zu später Stunde unbemerkt in der *Aubergine* auftauchen, um Nicole in einem möglichst ekligen Zustand zu erwischen? Für Wildtiere installierte man eine Videoüberwachung mit Fotofallen, aber damit kannte ich mich nicht aus.

Es gab allerdings einen Umstand, der mir den Rachefeldzug erleichtern konnte: Nicole ist etwas assi, oder in Joschs Sprache: intellektuell unterzuckert. Außerdem leichtgläubig und sehr eitel. Obwohl sie ihr Handy mindestens so häufig benutzt wie ich meines, sind es bestimmt nur banale Botschaften, die sie empfängt oder sendet. Deswegen hat sie sicherlich großen Respekt vor amtlichen Briefen. Sollte ich einen Arztbrief basteln, in dem Nicole über einen positiven Schwangerschaftstest informiert wird? Aber da ich ihre Frauenärztin nicht kannte, kam es leider nicht infrage. Nach einigem Grübeln entstand jedoch ein neuer, echt großartiger Plan. Denn sie sollte spüren, wie es ist, wenn sich freudige expectations in Luft auflösen.

An einem freien Montag hätte ich noch länger ausschlafen können als sonst, aber ich stand bereits auf, als meine Mutter in ihren Buchladen und mein Vater ins Büro fuhr. In seinem kleinen Arbeitszimmer gibt es einen Drucker und ein ganzes Regal voller Akten. Ich nahm mir den Briefkopf einer unbekannten Firma zum Vorbild, entwarf den Namen einer Agentur, ließ natürlich die Telefonnummer weg, setzte dafür aber ein ellenlanges Aktenzeichen und den Namen einer erfundenen Sachbearbeiterin ein. Dann verfasste ich einen seriösen Brief, in dem die Agentur *Model & Mehr* zur Teilnahme am *Schönheitswettbewerb Vierzig plus* einlädt. Mitzubringen seien sowohl eine festliche Abendkleidung als auch ein Tanga. Der Preis für die Gewinnerin sei eine Urlaubswoche für zwei Personen in einem Wellnesshotel auf Madeira. Ich unterschrieb mit Heidi Klum. Als Adresse trug ich die Siesmayerstraße 63 ein, wo sich der Frankfurter Palmengarten befindet. Klar, dass mein ausgedrucktes Schreiben einen unerhört professionellen Eindruck machen würde. Ich fand in den pedantisch aufgeräumten Schreibtischschubladen meines Vaters auch schnell einen Umschlag und Briefmarken und schickte mein Werk mit großer Schadensvorfreude an Nicoles private Adresse.

Schon zwei Tage später hörte ich, dass Nicole bei der Chefin einen freien Vormittag verlangte, weil am Montag die Friseure geschlossen hätten und sie sich Strähnchen ins Haar machen lassen wollte.

»Meine Frisur gefällt mir überhaupt nicht mehr«, meinte sie.

»Aber das kann ich doch wieder übernehmen«, sagte Irma. »Die Spitzen schneiden kann ich inzwischen wie ein Profi, Färben ist im Grunde auch nicht schwerer! Aber wenn du es mir nicht zutraust …«

Den wahren Grund für die geplante Verschönerung verriet Nicole anscheinend nicht, aber ich kannte ihn.

## 10
# Josch und Blondinen

Vielleicht war es ein Fehler, aber ich bin nun mal ein hilfsbereiter Mensch. Meistens trinke ich am frühen Nachmittag in der noch leeren Gaststube einen Kaffee, weil er mir aus der dortigen Espressomaschine am besten schmeckt. Während ich die Zeitung lese, will ich ungern gestört werden.

Lucy weiß das und hätte ohne Weiteres das Restaurant durch den Hinterausgang verlassen können, aber sie trampelte gut hörbar und laut stöhnend an mir vorbei.

»Wohin des Wegs, schöne Maid?«, fragte ich.

Lucy setzte seufzend eine Kartonage auf meinem Tischchen ab.

»Diese dreißig Eier sind angeblich nur noch ein paar Tage lang haltbar«, sagte sie. »Ich soll sie zur Tafel bringen, denn Irma hat noch genug Vorrat in der Kühlkammer. Puh, wenn das mal gut geht …«

Zu Fuß waren es bis zum hiesigen Sozialkaufhaus etwa zwanzig Minuten, mir leuchtete sofort ein, dass ein großer Eierkarton mit zerbrechlichem

Inhalt kein handliches Gepäck war. Mein Angebot war spontan, aber im Nachhinein etwas unüberlegt.

»Komm, ich fahr dich schnell«, sagte ich. »Bis wir wieder zurück sind, ist der Kaffee zwar kalt, aber nichts spricht gegen eine zweite Tasse.«

Lucy rief: »Alles gucci!« und strahlte. Der Kastenwagen stand vor der Tür, das Mädchen stellte die Eier auf den Rücksitz und setzte sich erleichtert neben mich.

Eigentlich hätte Irma bei der morgendlichen Fahrt zum Großmarkt ihre Spende auch gleich selbst abgeben können. Aber wahrscheinlich war die Tafel zu dieser nachtschlafenden Zeit noch gar nicht geöffnet. Und vielleicht wollte die angeblich so gutmütige Irma ihren Zögling auch ein wenig schikanieren – schließlich hatte sie Lucy neulich sogar eine Ohrfeige verpasst.

Kaum hatte ich den Wagen gestartet, da fragte ich völlig unüberlegt, ob Lucy schon einen Freund hätte. Sie lachte.

»Schon? Den ersten hatte ich bereits im Sandkasten und den ersten im Bett mit dreizehn …«

Ich erschrak. Mit dreizehn? Aber stimmte es überhaupt? Wollte Lucy nur ein bisschen angeben? Hatte ich nicht erst neulich gelesen, dass die heutigen Teenager eher später Sex hatten als in meiner eigenen Jugend? Oder wollte mir die Siebzehnjährige signalisieren, dass sie schon seit Jahren eine erfahrene Frau und keine Lolita war?

In möglichst gleichgültigem Tonfall hakte ich nach: »Und wie alt ist dein aktueller Boyfriend?«

»Im Augenblick gibt es keinen«, sagte sie. »Warum fragst du überhaupt?«

Darauf wusste ich keine Antwort und schämte mich, weil es mich im Grunde nichts anging. Also wechselte ich das Thema. »Warst du schon mal bei der Tafel? Ich ziehe den Hut vor allen freiwilligen Helfern, die dort arbeiten. Irma macht es richtig, denn sie spendet immer wieder Lebensmittel, die noch gut zu verwenden sind, bei uns aber nur herumliegen würden.«

Hierzu kam kein zustimmender Kommentar von Lucy. Doch plötzlich brach es aus ihr heraus:

»Als ich damals glaubte, du hättest mich zu einem Date bestellt, war ich extrem geflasht und aufgeregt wie Sau! Aber da hatte jemand gefakt, wahrscheinlich die Nicole, und du hast mich einfach ausgelacht!«

»Das tut mir sehr leid«, sagte ich betroffen.

Lucy sprach plötzlich seltsam altbacken und fast poetisch: »Ich war zu Tode betrübt, weil du mir das Herz gebrochen hast.«

»Aber Schätzchen, das konnte ich doch nicht

ahnen …«, stotterte ich hilflos, denn Lucy begann, heftig zu weinen. War es bloß eine dramatische Inszenierung oder wirklich der Ausbruch einer tief verletzten Seele?

Lucy musste jetzt aussteigen und die Eier abgeben, aber da sie weiterhin hemmungslos schluchzte, übernahm ich es. Sie schniefte immer noch, als ich nach wenigen Minuten wieder zurückkam.

»Wir können unser Date doch nachholen«, tröstete ich, »vielleicht sollten wir am nächsten Montag deinen Geburtstag nachfeiern und gemeinsam etwas Schönes unternehmen!«

»Ja, Eis essen, im Zoo die Tierbabys anglotzen, in einen Märchenfilm gehen oder was man sonst an Kindergeburtstagen macht …«

»Ich dachte eher an Sackhüpfen oder Topfschlagen«, sagte ich. »Aber da du ja jetzt schon siebzehn bist, könnten wir auch zu einem Kletterpark oder Ponyhof fahren.«

Endlich hörte sie auf zu flennen und gluckste übergangslos. Von jetzt auf gleich war ich anscheinend kein Heartbreaker mehr, sondern ein lustiger Kumpel. Immerhin gefiel mir eine Kichererbse besser als eine Heulsuse.

»Ponyhof! Ich nehm dich beim Wort!«, gluckste sie schließlich.

Wie komme ich aus dieser Nummer wieder heil

heraus, dachte ich und fuhr schleunigst zurück zu meinem erkalteten Kaffee. Leider stand Irma vor der Tür, als Lucy und ich aus dem Auto stiegen. Sie zog die Brauen hoch und sah mich dabei fragend an, verkniff sich aber eine spitze Bemerkung. Ich wusste genau, dass sie sich ärgerte und es wahrscheinlich an Lucy ausließ.

Etwas später ranzte sie mich tatsächlich doch noch an.

»Hat dich das kleine Biest also weichgekocht«, sagte sie. »Diese verwöhnten Kinder kennen es ja nicht anders, als dass sie kutschiert werden. Denkst du, ich hätte sie ganz aus Versehen zu Fuß losgeschickt? Am Ende bist du auch noch zum Sherpa geworden und hast ihr die Eier bis in die Tafel geschleppt! Lehrjahre sind keine Herrenjahre, das wurde mir in ihrem Alter täglich aufs Butterbrot geschmiert.«

»Es gibt keinen Grund, wieder mal eifersüchtig zu werden«, sagte ich ärgerlich. »Außerdem macht Lucy keine Ausbildung bei uns, sondern eine Art Praktikum. Ich nehme an, dass du sie bald wieder los bist.«

»Wie kommst du bloß auf die Idee, ich könnte auf ein unreifes Früchtchen eifersüchtig sein? Aber Lucy ist weder dumm noch ungeschickt, außerdem ziemlich fix. Eigentlich sollte sie wieder eine Schule besuchen und einen anständigen Abschluss machen«, meinte Irma versöhnlich. »Falls sie jedoch in die Gastronomie gehen möchte, dann sollte sich das kleine Luder um eine Lehrstelle kümmern und in der Berufsschule anmelden.«

»Würdest du sie denn nehmen?«

»Nein«, sagte Irma kopfschüttelnd und fuhr übergangslos fort: »Findest du eigentlich auch, dass die Röststoffe bei unseren Schmorgurken zu stark dominieren?« Und ohne meine Antwort abzuwarten, überreichte sie mir eine Liste mit Non-Food-Artikeln, die ich besorgen sollte.

Kurz darauf bekam ich mit, dass Nicole demnächst mehrere Stunden beim Friseur verbringen würde und Lucy ausnahmsweise schon am frühen Vormittag antanzen musste. Es kam mir fast so vor, als ob Irma mit voller Absicht straffere Saiten aufziehen wollte. Im Übrigen hat Nicole lange blonde Haare, die sie aus hygienischen Gründen beim Kochen nicht offen tragen darf, sondern als Zopf. Es wäre ein Jammer, wenn diese Pracht abgeschnitten würde. Als ich sie fragte, schüttelte sie aber den Kopf.

»Niemals!«, sagte sie und feixte. »Es geht bloß um goldene Strähnchen.«

Warum man bei blonden Haaren noch zusätzliche Strähnen braucht, war mir nicht ganz klar. Ich hatte sowieso keine Ahnung, was in Nicoles Hirn so vorging. Aber vielleicht war ihre natürliche Haarfarbe eher Brünett oder gar Ferkelfarben, und außerdem waren Witze über dumme Blondinen sowieso ein Klischee, denn Intelligenz ist bestimmt nicht an die Haarfarbe gekoppelt.

Fast bin ich mir sicher, dass Nicole jetzt endlich einen passenden Lover gefunden hat, den ich ihr von ganzem Herzen gönne. Und ich finde es gut, dass sie sich nicht von ihrem Zopf trennen will. Übrigens darf Irma auch mir höchstens mal die Spitzen meiner langen Haare kürzen. Nur zu gern würde sie mich nämlich kahl scheren.

Meine schöne Mutter hatte ebenfalls endlos langes blondes Haar, das ich als kleiner Junge manchmal bürsten durfte. Sie starb an Krebs, als ich zwölf Jahre alt war. Man braucht kein Psychologe zu sein, um meine Fixierung auf weibliche Attraktivität mit ihrem idealisierten Ebenbild zu verknüpfen. Dazu kommt, dass meine Mama das Märchen von Rapunzel besonders mochte und mir immer wieder vorlas. Noch heute kann ich es fast auswendig, vor allem die Zeile: *Rapunzel hatte lange prächtige Haare, fein wie gesponnenes Gold*. Ich erinnere mich allerdings, dass mich der Plot nicht ganz überzeugte, denn ich fand den Königssohn überaus dämlich. Warum brachte er nicht gleich beim zweiten Besuch eine Strickleiter mit, um Rapunzel zwanzig Ellen vom Turm herunter abzuseilen und zu befreien?

Schon immer empfand ich viel Sympathie für den jüngeren englischen Prinzen, der den Verlust seiner *Mommy* bis heute nicht verkraftet hat und ständig gegen Vater, Stiefmutter und Bruder stänkert. Es handelt sich aber mit Sicherheit nicht um einen Ödipuskomplex, sondern eher um ein *Diana-Syndrom,* und ich zähle mich ebenfalls zu den Betroffenen. Wahrscheinlich hat der frühe Verlust meiner Mutter auch bei mir eine Wunde hinterlassen, die nie ganz heilen wird. Meine Stiefmutter war zwar keine böse Hexe, aber ich lehnte sie von vornherein völlig ab und nahm es meinem Vater sehr übel, als er meine Ikone ziemlich rasch ersetzt hatte. Irma ähnelt in ihrem Wesen meiner toten Mama, denn auch sie ist sanftmütig und herzensgut. Anders als meine Mutter kann sie aber auch recht robust auftreten und energisch austeilen, und in ihrem Äußeren ist sie leider das schiere Gegenteil meiner hochgewachsenen, schlanken Mama.

Leider besitze ich nur wenige Gegenstände, die mich an meine Mutter erinnern. Außer einem Fotoalbum und einem zierlichen Goldkettchen ist es vor allem ein Taschenspiegel, den ich immer – sogar als jugendlicher Backpacker in Neuseeland – bei mir habe. Meine Mama benutzte ihn wohl nur, wenn sie den Lippenstift schnell mal erneuern wollte, denn der Spiegel ist winzig. Natürlich sind Rahmen und Stiel nicht aus echtem Gold, aber das polierte Messing wirkt genauso edel und zeichnet sich durch eine feine Jugendstilverzierung aus. Schon als Kind liebte ich dieses Spieglein, weil meine Mama es bei der *Schneewittchen*-Story demonstrativ in die Höhe hielt. Wer war denn nun die Schönste im ganzen Land? Natürlich die Mama, das war mir klar. Vielleicht habe ich deswegen die große Liebe noch nicht gefunden, weil bisher keine an meine Mutter herankam. Falls mir aber die Frau meines Lebens eines Tages über den Weg läuft, wird es Probleme mit Irma geben, ich würde hier ausziehen müssen und meinen guten Job verlieren.

Nicole hat zwar lange blonde Haare wie meine verstorbene Mutter, aber das ist auch alles, was mir an ihr gefällt. Sie selbst hält sich allerdings für die Schönste weit und breit, aber es ist ein oberflächlicher und billiger Glanz ohne Anmut und Stil, auf den nur ein Holzkopf reinfallen würde. Dummerweise war ich einmal selbst dieser Holzkopf.

Noch nie habe ich verstanden, warum Irma seit ihrer gemeinsamen Schulzeit Nicoles Busenfreundin ist. Unterschiedlicher kann man kaum sein, aber angeblich sind ja Gegensätze ein besonderer Anziehungspunkt. Manchmal fantasiere ich sogar, dass die beiden ein dunkles Geheimnis teilen. Nur hin und wieder scheint es kleine Differenzen zu geben. Ein paarmal registrierte ich, dass Irma ihre Freundin mit fast harschen Worten maßregelte. Es ging eigentlich immer um den Gemüsemann, über den sich Nicole gern lustig macht und den sie *Lama* getauft hat. Wobei sie keinen Guru oder eine Kamelart meinte, sondern einen Lahmarsch.

11

# Das Lama

Während meiner Berufstätigkeit ging ich ungern, aber regelmäßig zum Friseur. Als sich meine Haare im Rentneralter mehr und mehr lichteten, hat meine Frau diese Aufgabe übernommen, nach ihrem Tod versuchte ich es selbst. Bald gab es sowieso nur noch einen schütteren Kranz, bis selbst der fast ganz verschwand. Eigentlich brauchte ich bloß die kräftigen Koteletten mit dem Rasierer und der Nagelschere mehr schlecht als recht zu trimmen. Seit ich in der *Aubergine* arbeite, hat sich Irma erbarmt. Nein, das ist wohl der falsche Ausdruck, denn sie tut es mit Hingabe. Allerdings muss ich aufpassen, dass ich mein Hörgerät vorher heimlich herausnehme. Mein kleines Geheimnis darf auf keinen Fall ans Licht kommen. Leider muss ich deswegen in Kauf nehmen, dass Irma überlaut mit mir spricht. Auch alle anderen schreien mich an, wenn sie mir hin und wieder etwas mitteilen wollen.

Irma schnipselt, stutzt und kürzt mit Leidenschaft und fast wie eine gelernte Friseurin. Wenn am

Montag das Restaurant geschlossen bleibt, darf ich trotzdem manchmal vorbeikommen. Dann schneidet sie mir und ihrer Freundin Nicole die Haare sowie gelegentlich auch Freiwilligen vom übrigen Personal. Zu gern würde sie sicherlich ihren Josch von seinem unmöglichen Läuse-Dutt befreien, aber da beißt sie wohl auf Granit.

Nur wenn ich allein bin, verzichte ich auf meine Mütze, die sowohl Glatze und Narbe als auch das Hörgerät bedeckt. Manchmal muss ich an meine Kindheit denken, wenn ich vergessen hatte, beim Mittagessen die Mütze abzunehmen. »Junge, hast du Spatzen unterm Hut?«, pflegte mein Vater zu sagen.

Der kleine Mann im Ohr ist mir inzwischen unentbehrlich geworden, wenn es auch nicht immer angenehm ist, was ich zu hören bekomme. Anfangs verstand ich nicht, warum Nicole manchmal von einem Lama sprach, bis ich endlich kapierte, dass sie mich – den lahmen Greis – damit meint. Wahrscheinlich weiß sie gar nicht, dass man Lama ohne H schreibt. Erfreulich war jedoch, dass Irma jedes Mal protestierte.

»Warte nur, bis du selbst so alt bist«, sagte sie. »Dann kannst du froh sein, wenn du noch so viel leisten kannst wie er.«

Musik in meinem Hörgerät! Meine Arbeit wird offenbar geschätzt. Und da ich ja Zeit in Hülle und Fülle habe, kommt es auf das Tempo überhaupt nicht an.

Auch die kleine rothaarige Hexe hat schon über mich gelästert, allerdings verstehe ich ihren schrillen Slang zwar akustisch, aber nicht immer in der Bedeutung. In der Schule habe ich hauptsächlich Latein und Griechisch gelernt, Englisch nur als Wahlfach. Immerhin haben wir in der Oberprima den *Macbeth* gelesen. Von der grandiosen Sprache Shakespeares hat die heutige Jugend wohl keinen blassen Schimmer, denn ihr Wortschatz aus primitiven Anglizismen scheint mir das krasse Gegenstück einer zivilisierten Ausdrucksweise zu sein. Neulich habe ich zu Hause nachgeschlagen, was *chillen* eigentlich bedeutet. Selbst Nicole, die bei Gott kaum über Fremdsprachenkenntnisse verfügt, benutzt dieses Wort gern und oft, sie scheint dabei puren Müßiggang zu meinen. Wenn sie chillen möchte, ist sie nämlich *mega ausgepowert* und ahnt nicht, dass sich diese Vokabel wohl vom lateinischen *pauper* ableitet. Um mich in ihrem Idiom auszudrücken, hat sie außerdem nicht gecheckt, dass *mega* ein griechisches und kein englisches Wort und daher mega uncool ist.

Weil ich gegen die digitalen Diktatoren sowieso

nicht ankäme, schweige ich lieber und gelte ja ohnehin als taub. Abgesehen davon will ich nicht als dogmatisch borniert gelten, der verkalkte Spielverderber sein oder zu everybody's Arschloch mutieren, denn diesen Ausdruck habe ich neulich von einem Hanswurst, dem angeblich so kultivierten Josch, vernommen.

Eigentlich will ich nur Irma mit meiner Bildung imponieren, alle anderen können mir gestohlen bleiben. Neulich brachte ich eine Sonntagszeitung mit in die Küche, weil ich auf der Wissenschaftsseite einen interessanten Artikel gefunden hatte.

»Dürfen wir Vegetarier eigentlich Fleischfresser essen?«, fragte ich wie ein harmloser Ignorant.

»Natürlich nicht«, belehrte mich Irma mit erhobener Stimme. »Aber im Gegensatz zu Veganern haben wir Ovo-Lacto-Vegetarier nichts gegen tierische Produkte, also Milch oder Eier und Honig, essen aber auf keinen Fall getötete Tiere. Doch selbst die Omnivoren, also die Allesfresser, verzehren selten ein Raubtier, wie etwa gebratene Wölfe oder gegrillte Füchse. Aber das wissen Sie ja längst …«

»Und was soll man machen, wenn manche Pflanzen gelegentlich selbst Karnivoren sind? Zum Beispiel fleischfressende Gewächse?«

»Niemand käme auf die Idee, aus edlen Orchideen einen Gemüseauflauf oder Salat zu bereiten«, sagte Irma und lachte. »Das klingt ja fast so dekadent wie Nachtigallenzungen!«

Ich erklärte, es gehe mir nicht um den insektenfangenden Sonnentau, und legte ihr den bewussten Artikel vor die Nase. Stirnrunzelnd musste sie lesen, dass bei Kalbfleischpilzen durchaus auch Regenwürmer auf dem Speiseplan stehen.

»Gebratene Austernpilze gehören zu meinen Lieblingsgerichten …«, meinte sie erschrocken. »Müssen wir jetzt darauf verzichten?«

»Quatsch«, sagte ich und grinste. »Was ich nicht weiß, macht mich nicht heiß!«

Irma war anscheinend überfordert.

»Sie sind mir ja ein richtiges Schlitzohr!«, rief sie aufgebracht. Damit war das Thema für sie erledigt, und ich hörte nur noch ein abschließendes *Basta*. Es ist ein Wort, das sie häufig verwendet, in meiner Generation würde man vielleicht *papperlapapp* sagen. Übrigens schrieb Irma ein paar Tage später den schmackhaften Austernseitling wie immer auf die Speisekarte. Sie konnte nicht ahnen, dass ich sie und ihren Pragmatismus jetzt noch mehr verehrte. Übrigens schmeckte das asiatisch inspirierte Pilzgericht in Sojasoße mit Reis und Pak Choi nicht nur den latenten Fleischfressern besonders gut.

Irma ist keine Ideologin, sie kocht zwar vegetarisch, aber sie sieht großzügig darüber hinweg, dass sich manche ihrer Angestellten und Gäste eine gebratene Karbonade bei der *Goldenen Gans* bestellen oder einen Döner vom Drehgrill kaufen. Genau genommen rührt sie fast als Einzige im Haus kein Schlachtvieh an, nur ich bin aus lauter Liebe ebenfalls zu einem trotzigen Vegetarier geworden.

Meine Irma soll schließlich spüren, dass ich immer zu ihr halte. Vom Alter her könnte sie meine Tochter sein, und gelegentlich entdecke ich tatsächlich Spuren einer kindlichen Naivität, während ich der abgeklärte, weise Mentor für sie bin, aber leider auch nichts anderes als ein väterlicher Freund.

Nach und nach registriere ich immer weitere Ungereimtheiten bei dieser gestandenen und intelligenten Frau. Ihr Musikgeschmack ist mir leider unverständlich. Da hatten die schmissigen Gassenhauer meiner Eltern oder sogar die schmalzigen Schlager meiner Jugend noch mehr Niveau, heute ist allerdings von Hits die Rede. Und ihre Favoriten sind – ehrlich gesagt – in Text und Melodie unter aller Kanone! Außerdem kann Irma wie ein kleines Mädchen kichern und zeigt ein kritikloses Vergnügen an läppischen Schnurrpfeifereien und Veganerwitzen, einer Spezialität von Lucy. *Veganer haben keinen Sex, sie pflanzen sich fort* – darüber konnten die beiden mitsamt der einfältigen Nicole minutenlang gickeln, während ich noch nie Gefallen an Kalauern fand. Veganer verstecken an Ostern bemalte Kartoffeln, bringen es nicht übers Herz, ihr Sparschwein zu schlachten, oder trinken kein Leitungswasser, weil es aus dem Hahn kommt – das sind nur ein paar Beispiele, über die sie sich köstlich amüsieren. Und wenn Irma auch gelegentlich mit autoritärer Stimme Befehle an den Backfisch erteilt, so scheint sie das Mädchen eigentlich doch zu mögen. Ich empfinde ähnlich, denn man sollte Lucy zwar energisch die Flausen austreiben, ihr aber trotzdem signalisieren, dass sie nicht abgelehnt wird. Vor allem sollte man ihr dieses schreckliche Kauderwelsch abgewöhnen, das mich noch mehr als ihr hässliches Schuhwerk verstört. Als sie neulich einen Eierkarton wegbringen sollte, rief sie: »One moment, bin gleich ready!« Da sträubten sich alle meine nicht vorhandenen Nackenhaare. Wenn sie meine Enkelin wäre, würde ich ihr die Flügel zwar behutsam stutzen, ihr aber niemals wieder wehtun wie damals mit der gefälschten Verabredung zum trauten Stelldichein. Beschämt denke ich an meine kleine Schwester, die sich wahrscheinlich aus Liebeskummer das Leben genommen hat. In diesem Alter ist man noch überaus empfindlich, eine kränkende Ablehnung gleicht einem Weltuntergang.

Gerade bastele ich an meinem Testament. Wenn es fertig ist – handgeschrieben und mit Datum versehen –, werde ich einen Termin beim Notar vereinbaren, damit alles seine Richtigkeit hat. Weil ich bei diesem rothaarigen Mädchen, das nun so alt ist wie meine verstorbene Schwester, noch etwas gutmachen möchte, werde ich sie auch mit einer Kleinigkeit bedenken. Nur weiß ich noch nicht, womit. Der Schmuck meiner Frau soll in der Familie bleiben, den erhalten die Schwiegertöchter.

Wenn man ans Vererben denkt, muss man sich zwangsläufig mit dem eigenen Tod befassen. Wie lange werde ich noch leben? Seit Irma weiß, dass ich meine Tabletten manchmal vergesse, hat sie in ihrer Küche ein kleines Depot angelegt, damit ich wenigstens an sechs Tagen unter ihrer Aufsicht meine Herz- und Kreislaufmedikamente pünktlich einnehme. Doch auch im hohen Alter muss man nicht unbedingt an den Folgen von Schlaganfällen oder Herzinfarkten sterben, Unfälle sind durch die zahlreichen Zipperlein fast vorprogrammiert. Man stürzt eben leichter, man riecht, hört und sieht schlechter, man ist unkonzentriert, wenn man die Straße überquert. In solchen Fällen kommt man zuerst ins Krankenhaus, dann ins Pflegeheim und ein Jahr später in den Sarg. Deswegen ist es ratsam, beizeiten und mit klarem Kopf den Letzten Willen aufs Papier zu bringen.

Das sind zwar vernünftige Überlegungen, die im Vordergrund stehen, aber zwischendurch überkommt mich die Angst vor dem Tod. Wie kann es nur sein, dass man von einem Augenblick auf den anderen nicht mehr hier ist? Wer wird mich betrauern? Werden meine Söhne nicht am Ende erleichtert sein, dass sie sich nie wieder mit schlechtem Gewissen nach meinem werten Befinden erkundigen müssen? Wird wenigstens Irma ein paar Zähren vergießen und am Ende sogar vor Freude, wenn das Testament eröffnet wird?

12

# Lucy salzt

Jeden Montagabend muss ich gemeinsam mit meiner Erzeugerfraktion essen, darauf bestehen sie. Da meine Mutter seit einiger Zeit völlig insane geworden ist, gibt es leider fast regelmäßig ein fades, fleischloses und angeblich gesundes Gemüsegericht. Dabei muss ich in Irmas Küche schon täglich darunter leiden! Immerhin stehen die Fläschchen mit Maggi, Sojasoße und Ketchup auf dem Tisch, natürlich auch die Pfeffermühle und zwei Salzbüchsen, weil auch mein Papa einen kräftigeren Touch bevorzugt. Als ich neulich checkte, dass im Backofen fast der gleiche eklige Auberginenauflauf schmorte, den ich ständig bei der Arbeit probieren und loben soll, packte mich die Wut.

Noch bevor sich die Eltern an den Tisch setzten, hatte ich die Salzstreuer aufgedreht. *Inschallah!*, dachte ich hoffnungsvoll.

Als ich mir dann – synchron mit meinem Vater – den Fraß nachwürzen wollte, schoss das gesamte Salz mit einem Schwall auf die gefüllten Teller und machte zumindest unsere Portionen ungenießbar. Meine Ma stand kurz vor der Kernschmelze, mein Dad grinste mir zu und bestellte zwei Pulled-Chicken-Pizzas als Ersatz.

Yummy!

Nach diesem Streich war ich wieder guter Laune. Am Vormittag hatte ich lange geschlafen und in der Mittagspause meine alte Schule besucht, wo man mich um meine Freiheit beneidete.

Leider hat meine frühere Besti, die Nele, kein Interesse mehr an mir. Seit sie damals die Schule schwänzte, mit mir nach Frankfurt gefahren ist und schließlich gesehen hat, wie Josch mich küsste, ist sie wohl neidisch. Wenn ich mich bei ihr meldete, hat sie mich immer einfach weggedrückt. Kürzlich erfuhr ich, dass sie jetzt nur noch Augen und Ohren für ihren neuen Freund hat, den Musterschüler Pelle aus unserer Parallelklasse, wir nannten ihn den straighten Pellegrino. Ihre Eltern sind tolerant genug, dass dieser Freizeitkiller bei ihr übernachten darf. Ganz anders war das damals bei mir! Als meine Mutter eines Sonntagmorgens einen cuten Boy neben mir im Bett entdeckte, regte sie sich mächtig auf. Nicht etwa, dass sie sich für mich freute! Ihre Predigt bestand hauptsächlich aus einem einzigen Wort, und das war Verhütung. Dann schleppte sie mich auch noch zu ihrer Frauenärztin, um mich aufzuklären! Als ob sie selbst das nicht viel nötiger hätte! Da hat es Nele mit Sicherheit leichter. Mit voller Absicht stand sie samt ihrem Langweiler in der entferntesten Ecke des Schulhofs und würdigte mich keines Blickes. Es entging ihr aber bestimmt nicht, dass ich von allen anderen umringt wurde. Von denen erfuhr ich auch, wie man Nele und Pellegrino neulich reinlegte, nämlich zu einer Party eingeladen hatte, die gar nicht stattfand.

Der Jüngling Moritz scheint mich immer noch zu lieben, denn er stellte sich ganz dicht neben mich und legte es darauf an, dass wir uns dauernd berühren mussten. Die drei Streber mit der Milchreisfresse und der Arsch, der mich Knallerbse nennt, sowie die meisten Mädchen mögen mich zwar nicht besonders, aber da sie fast alle zu fleischlosen Gurkenheiligen mutiert sind, interessierten sie sich für meine Arbeit im Restaurant. Der Klassen-Babo und seine drei Idioten hatten auch mal Spargel mit Humus bei uns gegessen. Daraufhin erzählte mir der coolste Bro, der einmal Bodybuilder oder Ringrichter werden will, den neuesten Veganerwitz: *Wie nennt man einen veganen Akrobaten? Grashüpfer.*

Die Sensation war natürlich, dass der Schulsprecher Egbert, den alle nur *das Ei* nannten, das Abi als Bester bestanden hat und nun Hebamme werden möchte. Leider bekam ich auch mit, dass meine frühere Clique an den Wochenenden dauernd durchsumpfte, ohne es mir zu sagen; die Eltern von Paula sind nämlich sechs Wochen lang in Kanada, und ihr Haus hat viel Platz. Auf dem Schulhof trieb ich mich so lange herum, bis alle anderen wieder hineinmussten. Etwas empty und fast ein bisschen traurig fühlte ich mich dann doch, als ich im Anschluss einen Ghettocheck unternahm. Zu dieser Zeit trifft man leider kaum einen Schulschwänzer oder Kumpel, meistens sind nur langweilige Boomer unterwegs. Auch meine coolen Fans aus dem Klub sind tagsüber auf dem Bau oder ihrer Lehrstelle. Selbst im Schuhgeschäft gab es nichts, was mir auch nur annähernd gefiel.

Doch plötzlich sah ich vor mir eine bekannte Gestalt mit Gehhilfe herumzockeln. Gerade als ich ihn überholen wollte, kam mir die Idee, den alten Schnippler ein wenig zu beschatten. Was mochte der lahme, blinde und taube Gemüse-Doc in seiner Freizeit so treiben? In der Nähe gab es ein Sanitätshaus, wahrscheinlich brauchte er orthopädische Einlagen oder Windeln. Zu meinem Erstaunen schlurfte er langsam, aber zielsicher in eine Seitenstraße bis zu einer älteren Villa. Ich erwartete eine Arztpraxis, aber auf dem Emailschild stand unter einem städtischen Wappen: Rechtsanwalts- und Notarkanzlei Dr. Meyer und Gräfe.

Als das Lama, wie Nicole ihn nennt, etappenweise die fünf Stufen erklommen hatte und schließlich im Haus verschwunden war, trat ich näher heran und las das Kleingeschriebene: *Persönliche Beratung. Familien- und Erbrecht.*

Im Grunde wusste ich nicht viel über unseren Küchen-Zombie, eigentlich nur, dass sich seine Schwester umgebracht hatte. Ehrlich gesagt war ich schon etwas touched, als ich davon erfuhr. Ob er jemals eine eigene Familie gehabt hatte? Immerhin trug er einen Ehering – also war er wahrscheinlich verwitwet; mit Sicherheit erhielt er nur eine magere Rente, sonst würde er nicht derart primitive Arbeiten annehmen müssen. Auch mit einem Doktortitel kann man jahrelang arbeitslos sein, sagt mein Dad.

Nur Irma mag ihn und betont immer wieder, dass der Gemüsemann kein Dummkopf ist, sondern das pure Gegenteil. Vielleicht war er ja früher wirklich ein hochgebildeter Gelehrter und ein verkanntes Genie. Anfangs habe ich Irma ihre Behauptung nicht abgenommen, denn auch Josch hält ihn für völlig vertrottelt, er nennt ihn aber nicht Lama, sondern *lame duck*. Irma ist zuweilen etwas bossy und hat befohlen, dass alle ihn siezen, denn er kennt es wohl nicht anders. Sogar mich duzt er nicht immer und quatschte mich sogar mal mit *Fräulein* an. Wenn irgendjemand aus unserer Crew sich einen Teller mit essbarem Inhalt abfüllt, sagt er: »Mahlzeit!« Aber seit mir der alte Mann das Album mit dem Jüngling-Gedicht geschenkt hat, sehe ich ihn mit anderen Augen. Doch was wollte er mit einem Anwalt besprechen? Hatte er eine Straftat begangen und suchte einen Rechtsverdreher?

Plötzlich wurde der Doc interessant für mich. Ich malte mir aus, dass sein Job in der Küche nur eine Tarnung war, um in dunklen Nächten ein geheimes Verbrecherleben zu führen. War er am Ende ein Frauenmörder wie Jack the Ripper? Jedenfalls wusste er, wie man mit einem scharfen Messer umgeht, bisher hatte er sich noch nie in die braun gefleckten Tentakel geschnitten. Jetzt war er wohl durch eine Unvorsichtigkeit in Verdacht geraten und brauchte juristischen Beistand. Andererseits ging es in dieser Kanzlei um Familien- und Erbangelegenheiten und nicht um Strafrecht. Aber auch die harmlose Beschilderung war vielleicht nur Fake, und der Rechtsanwalt war insgeheim selbst ein Mitglied der hiesigen Mafia.

Auf einmal bekam ich Lust, einen Krimi zu schreiben. In meiner früheren Klasse hatte man mir gerade erzählt, wie man die Lehrer dank ChatGPT mit Einser-Aufsätzen zur Verzweiflung bringen kann. Doch wenn ich mir Mühe gebe, kann ich mich auch ohne künstliche Intelligenz in feinstem Lehrerdeutsch ausdrücken. Josch meinte zwar, ich solle meinen fucking Slang generell etwas zügeln. Als ich ihn vorsichtig darauf aufmerksam machte, dass er mir in dieser Hinsicht überhaupt nicht nachstehe, meinte er, es gebe da noch eine Menge feine Unterschiede. Im Übrigen wäre er fast Sprachlehrer geworden, deshalb verwende er zwar gelegentlich englische Redewendungen, aber nicht wahllos wie ein durchgeknallter Teenager, sondern als Zitat im passenden Kontext. Und dann wollte er wissen, welche Englischnote ich im letzten Zeugnis gehabt hätte. Natürlich habe ich ein wenig geschwindelt und aus der Vier eine Zwei gemacht; wahrscheinlich hat er mir aber nicht geglaubt. In letzter Zeit bemühe ich mich deswegen sehr, mich wie eine erwachsene Frau auszudrücken, damit Josch mich endlich für voll nimmt. Leider hat er wohl vergessen, dass wir ein nicht stattgefundenes Date nachholen wollten.

Es wäre eigentlich eine geniale Idee, wenn wir stattdessen gemeinsam einen super Thriller schreiben würden. Dann müssten wir nämlich wochenlang für das Brainstorming eng beisammensitzen. Ich war unsicher, ob Josch meinen Vorschlag nicht völlig bescheuert finden und meine Challenge gar nicht annehmen würde. Trotzdem raffte ich eines Tages meinen ganzen Mut zusammen und fragte ihn.

»Tolle Idee!«, sagte er. »Ich wollte schon immer schnell und mühelos sowohl reich als auch berühmt werden!«

Schon wieder schien er mich nicht ernst zu nehmen. Daraufhin bemühte ich mich, mein Anliegen in gepflegter Sprache möglichst realistisch vorzubringen.

»Du brauchst nicht so beleidigt zu gucken, ich wollte dich nicht vor den Kopf stoßen«, versicherte Josch. »Die Idee ist ja gar nicht schlecht. Aber ich habe wenig Zeit, bin ja im Betrieb voll eingespannt, und für eine schriftstellerische Tätigkeit muss man den Kopf frei haben. Außerdem willst du dich in deiner freien Zeit auch lieber mit deinen Freunden treffen, als mit einem alten Knacker einen raffinierten Plot auszubrüten …«

»Also heißt das endgültig: nein?«

»Weißt du, Lucy, es gab mal einen berühmten bayerischen Komiker namens Karl Valentin. Der hat einen schönen Satz gesagt: *Mögen hätt' ich schon wollen, aber dürfen hab' ich mich nicht getraut.* Dieser Satz trifft für mich leider immer wieder zu.«

Dabei sah er mich so seltsam an, dass mir ganz heiß wurde und ich schleunigst wieder an die Arbeit ging.

Nicole mit ihren neuen superblonden Haarsträhnen ließ sich nicht anmerken, dass sie beim angeblichen Schönheitswettbewerb gelinkt worden war. Anscheinend sprach sie weder mit Irma noch mit Josch über ihren Frust, als sie in Frankfurt unter der angegebenen Adresse nur den Palmengarten vorfand. Meine Großmutter pflegt zu sagen: *Wer den Schaden hat, braucht für den Spott nicht zu sorgen.* Immerhin war diese Bitch noch clever genug, um auf den Spott zu verzichten. Andererseits gab es noch die Möglichkeit, dass sie weitaus cleverer war, als ich dachte. Es war nicht auszuschließen, dass sie im Vorfeld ein wenig gegoogelt und den Braten gerochen hatte. Vielleicht war sie gar nicht nach Frankfurt gefahren, und mein Rachefeldzug war im Sande verlaufen. Immerhin hatte sie aber viel Geld ausgegeben. Zu meiner Erleichterung hatte sie sich aber nicht für rote Strähnchen entschieden und mir damit Konkurrenz gemacht.

Seltsamerweise scheint Nicole mich aber noch

im Unterbewusstsein zu beschäftigen, denn neulich hatte ich einen krassen Traum: Josch und Nicole waren ein Liebespaar und knuselten vor aller Augen heftig miteinander. Plötzlich riss Irma dem Gemüsemann das Messer aus der Hand und stürzte sich auf Josch. In diesem Augenblick wurde ich wach und musste heftig weinen.

## 13
## Irma la douce

Neulich sprach mich ein Gast mit *Irma la douce* an, worunter ich mir nichts vorstellen konnte. Josch erzählte mir von einem alten Film, der von einem süßen, reizenden, aber leichten Mädchen handelte. War das nun ein Kompliment oder eine Beleidigung? Ich bin schließlich Köchin und keine süße Nutte! Durch die französische Küche kannte ich zwar das Wort *doux* für süß, aber nur im Zusammenhang mit einem Dessert. Beim Googeln fand der neugierige Josch heraus, dass es mehrere berühmte Restaurants unter diesem Namen gab; ich könne also stolz auf diese Anrede sein. Er überlegte sogar, ob man unser Lokal nicht in *La douce Aubergine* umtaufen sollte.

Im Gegensatz zu mir interessiert sich Nicole nicht für Fremdsprachen, schon gar nicht für Französisch. Der häufigste englische Satz, der ihr über die Lippen kommt, stammt aus amerikanischen Soaps: Oh my God! Allerdings macht sich Josch immer wieder einen Spaß daraus, ihr einen völlig unmöglichen englischen Satz unterzujubeln, so zum Beispiel: »I hold that not out!« Aber das belustigt mich bloß und stört ja keinen. Seit unserer Kindheit ergänzen und unterstützen wir uns tatkräftig.

Schon an meinem ersten Schultag wurde Nicole meine Banknachbarin. Es zeigte sich schnell, dass sie beim Lesen, Schreiben, Rechnen und sogar beim Zeichnen große Probleme hatte, ohne meine Hilfe wäre sie wohl in einer Sonderschule gelandet. Wann immer es möglich war, sagte ich ihr vor, ließ sie abschreiben und half ihr bei den Hausaufgaben.

Wir waren allerdings ein merkwürdiges Paar, das kaum gegensätzlicher sein konnte. Ich war bereits als Kind zu klein und zu pummelig, sie wiederum war schlank, gelenkig und muskulös, sprintete wie ein Gepard und turnte an den verhassten Foltergeräten wie ein Äffchen herum. Im Sportunterricht konnte sie mich zwar kaum unterstützen, aber wehe, wenn man mich verspottete. Nicole fackelte dann nicht lange und konnte austeilen wie ein Preisboxer. Selbst die rauflustigsten Rabauken in unserer Schule hatten gehörigen Respekt vor ihr.

Einmal bekamen wir allerdings richtig großen Ärger, weil wir es einem ungerechten Lehrer heimzahlen und seinen Tod in unserer regionalen Zeitung anzeigen wollten. Anscheinend fiel der Sachbearbeiterin meine kindliche Stimme am Telefon aber auf, und sie rief ihrerseits bei der Schulsekretärin an. Da man uns dort sofort in Verdacht hatte, wären wir um ein Haar beide von der Schule geflogen. Wenn ich mich jetzt über unsere Lucy aufrege, dann muss ich zugeben, dass es Parallelen zwischen ihrem Übermut und meiner damaligen Lust an frechen Streichen gibt.

Ab der siebten Klasse wurde Hauswirtschaft unterrichtet, und Nicole blühte ein wenig auf. Es war wohl das einzige Fach, in dem wir ebenbürtig waren. Auch heute kann ich mich hundertprozentig auf Nicole verlassen, wenn es ums Kochen geht. Sie arbeitet sorgfältig, zuweilen etwas zu bedächtig, doch stets einwandfrei. Nur für den Einkauf oder die Planung der Vorräte ist sie leider ungeeignet, außerdem hat sie keinen Führerschein. Manchmal überrascht sie mich mit interessanten Vorschlägen, vor allem mit Rezepten aus der türkischen Küche, doch einmal auch mit einem Maisgericht aus Korea. Heimlich habe ich den Verdacht, dass irgendein neuer Lover dahintersteckt. Nicole ist eigentlich keine Vegetarierin, aber verbohrte Fanatiker kann ich sowieso nicht brauchen. Für ihre Söhne gibt es zu Hause selbstverständlich große Fleischportionen, hier bei uns hält sie sich stets an die festgelegten

Regeln. Das Beste an unserer Freundschaft ist aber immer noch, dass wir wie Teenager über Nichtigkeiten lachen können. Wenn unsere kleine Hexe Lucy einen neuen Veganerwitz zum Besten gibt, können wir uns kringeln. Josch schaut dann ernsthaft besorgt auf drei wiehernde Frauen. Lucy fragte zum Beispiel: *Wie nennt man eine Gruppe demonstrierender Veganer? Gemüseauflauf.* Ratlos schüttelte Josch bloß sein weises Haupt und murmelte: »Weiber!«

Seit sie fest bei mir angestellt ist, hat Nicole ihr Leben einigermaßen im Griff. Allzu früh und gleich zweimal wurde sie von windigen Männern geschwängert, brach die Lehre ab, geriet immer wieder an die falschen Kerle und hielt sich mit schlecht bezahlten Gelegenheitsjobs mühsam über Wasser. Immerhin stand ihre Mutter ihr stets zur Seite, kümmerte sich um die beiden Kinder und sorgte für etwas Ordnung. Allerdings konnte sie nicht verhindern, dass Nicoles übergroße Sehnsucht nach Liebe und Sex immer wieder zu Enttäuschungen führte. Ich nehme an, dass die biedere Mutter mit dem äußeren Erscheinungsbild ihrer Tochter nicht einverstanden ist, denn Nicole neigt zu einem grellen Outfit und setzt damit die falschen Signale. Vor allem ihr schlecht verheiltes Lippenpiercing macht sie bestimmt nicht attraktiver und wirkt sogar etwas abstoßend. Deswegen ist es mir lieber, wenn sich Nicole nicht in der Gaststätte zeigt.

Meine Freundin hatte Glück mit ihrer zuverlässigen Mama, Pech mit dem verstorbenen Vater. Als er seinen Job verlor und keine neue Anstellung fand, fing er an zu saufen und zu verwahrlosen. Ich erinnere mich noch gut, dass er meistens auf dem Sofa lümmelte, den Fernseher laufen ließ und je eine Flasche Bier und Korn vor sich stehen hatte. Nicoles Mutter arbeitete ganztags als Verkäuferin und war mit der häuslichen Situation überfordert. Weder kam sie auf die Idee, professionelle Hilfe zu suchen, noch brachte sie es fertig, sich von ihrem Ehemann zu trennen.

Als Nicole eines Nachmittags von der Schule kam, lag der Vater immer noch im Bett. Erst Jahre später begriff sie, dass die Mutter ihrem Mann nach einem nächtlichen Schlaganfall nicht geholfen hatte, keinen Arzt rief, am Abend lieber auf der ekligen Wohnzimmercouch übernachtete und das Schlafzimmer einfach nicht mehr betrat. Nach zwei Tagen war Nicoles Vater tot, und der Notarzt hegte anscheinend keinen Verdacht. Auch wenn ihr Vater in seinen letzten Jahren alles andere als ein treu sorgender Papa gewesen war, so trauert Nicole heute noch um ihn. Mit ihrer Mutter hat sie nie über die Umstände seines Todes gesprochen. Ich bin der einzige Mensch, dem sie ihre Vermutungen anvertraut hat. »Meine Mutter ist wohl eine Mörderin«, klagte sie. Nein, widersprach ich, unterlassene Hilfeleistung ist kein Mord. »Ist das so?«, fragte sie ungläubig.

Ich hatte immer ein wenig Angst, dass Nicoles Loyalität aufhört, wenn es um Männer geht, und sie sich am Ende an Josch heranmacht. Zwar sind beide meine engsten Bezugspersonen und sollen sich auch untereinander vertragen, aber eben nur als gute Freunde und Kollegen.

Sie hat immer versucht, es vor mir zu verheimlichen, aber ich weiß natürlich, dass Nicole ein Alkoholproblem hat; schon als Kind durfte sie vom Bierglas ihres Vaters den Schaum abschlecken. Wenn ich längst im Tiefschlaf liege, räumen Josch und Nicole noch auf, füllen die Spülmaschinen und machen schließlich den Laden dicht. Ob sie sich anschließend noch das berühmte Feierabendbier oder einen Cognac genehmigen? Josch wohl eher nicht, er ist Genusstrinker, liebt zu einem guten Essen zwar auch ein Glas Wein, würde sich aber nie an Schnaps vergreifen. Aber kann ich mich darauf verlassen?

Meinen schlimmsten Albtraum werde ich wohl nie vergessen: Ich erwischte Josch und Nicole in meinem Bett. Meine ungeheure Verletzung, mein Entsetzen, meine Wut waren so übermächtig, dass ich mit dem Küchenmesser so lange auf beide einstach, bis sich nichts mehr regte. Tränenüberströmt wurde ich wach und grübelte lange, ob dieses gewaltige Aggressionspotenzial schon immer eine verborgene Seite von mir war. Schließlich hatte ich Lucy neulich eine Ohrfeige verpasst, eine völlig unnötige Überreaktion. Vielleicht lag es daran, dass meine Eltern die Prügelstrafe für die einzig angemessene hielten.

Aber hätte ich überhaupt das Recht, meinen besten Freunden eine Liebesaffäre zu missgönnen?

Manchmal mache ich mir allerdings völlig unbegründete Sorgen. Es könnte schon sein, dass Josch gelegentlich kurze Affären oder One-Night-Stands hat, aber Nicole ist eigentlich nicht sein Typ, obwohl er zugegebenermaßen Blond bevorzugt. Doch er belehrt und diskutiert nur allzu gern und würde sich Partnerinnen aussuchen, die ihm halbwegs das Wasser reichen können. Nicole glänzt aber nicht gerade mit intellektuellen Qualitäten.

Wir kochen beide gern und gut, aber Nicole ist eine solide Handwerkerin, ich eher eine Künstlerin. Im Gegensatz zu ihr beurteile ich Lebensmittel nicht nur nach ihrem Geschmack, sondern auch nach ihrer Ästhetik. Ich bewundere zum Beispiel die vollkommene, lang gezogene Tropfenform einer Aubergine, die kokett in einem grünen Zipfelmützchen endet. Im satten, dunklen Violett spiegelt sich das Licht meiner Küchenlampe. Doch ihre lackartige violette Tönung hat einen praktischen Sinn, denn sie schützt die Pflanze vor Sonnenlicht. Etwas abgeschwächt erfreut mich meine Lieblingsfarbe auch am Rotkohl, an manchen Karotten- und Spargelsorten sowie bei Früchten wie Feigen und Pflaumen, doch nirgends glänzt das Violett so blitzblank wie bei der Aubergine. Wenn ich etwas mehr freie Zeit hätte, würde ich wahrscheinlich zur Hobbymalerin.

Außerdem würde ich die Gemüseplatten gern etwas aufwendiger präsentieren, aber auch dazu fehlt die Muße. Nur zu gern schaue ich mir im Internet die kunstvoll gestalteten Teller der Sterneköche an. Zwar schmeckt es den meisten Banausen nicht besser, wenn sich zwei Schnittlauchstängel über rotem Paprikagemüse kreuzen, aber bei wahren Genießern isst das Auge bekanntlich mit. Wenn es ausnahmsweise nicht hektisch bei uns zugeht, dann experimentiere ich auch mal mit verwegenen Dekorationen, aber bei Josch und Nicole stoße ich auf Unverständnis. Nur Lucy ist begeistert, deswegen kann ich ihr niemals lange böse sein.

In ihrem Alter war ich ständig unglücklich verliebt. Doch die Jungs aus meiner Klasse wollten höchstens bei mir abschreiben, ohne ein egoistisches Anliegen wurde ich völlig übersehen. Etwas ältere Kandidaten strichen mir über den Kopf wie einem Kleinkind und nahmen mich nicht ernst. Und mein Interesse für Sprachen, für Bücher und Malerei teilte sowie keiner aus meinem Bekanntenkreis, in einer anderen Schule hätte ich wahrscheinlich mehr Glück gehabt. Wie gut, dass ich in Josch einen kompetenten Lehrer gefunden habe.

## 14
## Der sündige Josch

Nun ist es passiert, und ich fühle mich zutiefst schuldig, aber auch so, wie es unser Alleswisser Goethe ausdrückt: himmelhoch jauchzend und zu Tode betrübt. Mit anderen Worten – total gaga.

Lucy hatte die völlig absurde Idee, gemeinsam mit mir einen Thriller schreiben zu wollen. Leider ließ sie nicht locker, weil ich ihr anstelle des nie stattgefundenen Dates ein gemeinsames Event versprochen hatte. Ich sollte das sensible Mädchen demnächst für die kalte Dusche entschädigen und fand es im Grunde schade, dass sie die Schule geschmissen hatte und stattdessen Gläser polierte. Fast sah ich es als meine Pflicht an, sie zu fördern, weiterzubilden, ihr grauenhaftes Englisch zu verbessern und ihr Interesse für Politik, Naturwissenschaften und vor allem für klassische Musik, Kultur und Kunst zu wecken. Meine schlummernde Lehrerberufung fühlte sich herausgefordert, und ich grübelte, welchen Vorschlag ich ihr psychologisch geschickt unterjubeln könnte. Einen halben Tag in einem berühmten Frankfurter Museum? Aber Städel und Schirn waren am Montag geschlossen. Abgesehen davon war ich auf dem Gebiet der bildenden Kunst keine Koryphäe. Wichtiger schien mir sowieso, Lucy ihren scheußlichen Slang zu vergällen, ihr im Idealfall sogar die Ohren für die erlesene Sprache unserer großen Dichter zu öffnen. Ein Abend im Schauspielhaus mit astreinem Bühnendeutsch, das war's!

Ich verbrachte viel Zeit, um die Programme aller nahe gelegenen Theater zu durchforsten, aber leider gehörten Shakespeares *Sommernachtstraum* oder Čechovs *Kirschgarten* nicht zur deutschen Klassik. Goethe sollte es schon sein! Immerhin wurde eine verkürzte Fassung von *Faust 1* in einer Nachbargemeinde aufgeführt, allerdings nicht auf einer großen Bühne mit berühmten Schauspielern. Es sah ein bisschen nach Laientheater aus, doch man würde es bestimmt nicht wagen, die hehre Sprache unseres Dichterfürsten zu verwässern. Als ich mit diesem Vorschlag schließlich einen zaghaften Versuch startete, war Lucy zu meinem Erstaunen sofort einverstanden.

»Wow!«, rief sie. »*Die Faust* wollte ich schon immer mal sehen!«

»Es geht hier aber nicht um eine Schlägerei, sondern um den Gelehrten Dr. Faust, der einen Pakt mit dem Teufel schließt.«

»Echt jetzt? Kein Faustkampf, sondern voll Satanskult? Das ist doch the hammer!«, rief sie begeistert.

»In der deutschen Klassik bist du nicht gerade heavy on wire!«, antwortete ich. »Und ab jetzt wird kein Denglisch mehr gesprochen. Es nervt allmählich!«

Es war lange her, dass ich mich in der Oberstufe mit Goethes *Faust* beschäftigen musste, der Inhalt war mir zwar noch bekannt, aber keine Details. Musste ich den Wälzer jetzt noch mal lesen, um den perfekten Mentor abzugeben? Dazu hatte ich keine Lust, deswegen sah ich mir im Netz nur eine kurze Zusammenfassung und die wichtigen Zitate an. Nun ja, unter anderem handelte das Drama von einem Kindsmord, was für einen Teenager bestimmt ein spannendes Thema war. Auch der Teufel galt schon immer als schillerndste Figur in alten Erzählungen. Allerdings war Fausts Streben nach Wissen und Erkenntnis für eine Schulabbrecherin wohl weniger interessant. Doch es ging auch um Begierde und Liebe, was mir aber wahrscheinlich erst nach der Aufführung so richtig bewusst wurde.

Als ich Lucy mit dem Firmenwagen abholte, blieb mir erst einmal die Spucke weg. Das Mädchen hatte sich aufgedonnert wie eine Nutte aus einem Film der sechziger Jahre. Das eng anliegende schwarze Kleidchen hatte ein überaus gewagtes Dekolleté und einen seitlichen Schlitz bis zum Po, dazu trug Lucy rote High Heels und ein glitzerndes Lacktäschchen. Jetzt haben wir tatsächlich eine perfekte Irma la douce, dachte ich und musterte sie fassungslos.

»Bin ich overdressed?«, fragte sie etwas verunsichert.

Auf keinen Fall durfte ich alles versemmeln und sie schon wieder kränken, also schüttelte ich den Kopf und meinte bloß: »Hübsch siehst du aus!«, und das stimmte ja auch. Lolitas sind meistens keine Vogelscheuchen. Aber dann fügte ich doch noch hinzu: »Woher hast du diese Sachen?«

»Von meiner Oma. Ich sagte ihr, dass ich fürs Theater ein hippes Outfit brauche. Da hat sie mich in den Keller geschickt, wo es einen großen Schrank mit Klamotten gibt, die ihr nicht mehr passen. Ich durfte mir aussuchen, was ich wollte.«

»Und was haben deine Eltern gesagt?«

»Manchmal muss man auch Glück haben. Meine Erzeuger sind in Hamburg, am Wochenende hatten sie ein Klassentreffen, und jetzt hängen sie noch zwei Tage dort ab. Aber leider sind sowohl Dad als auch Ma krasse Spießer, sie finden alles Bullshit, was ich schnackig finde.«

Ich sagte nichts mehr und fuhr los. Hätte ich mich spaßeshalber auch verkleiden sollen? Wie lief man heutzutage im Foyer herum? Gab es überhaupt noch einen Dresscode? Es war eine Weile her, dass ich solche heiligen Hallen betreten hatte, das letzte Mal war ich als Student in der Oper. Damals war das Publikum sehr unterschiedlich angezogen. Man sah sowohl junge Leute in Jeans als auch ältere Damen im Abendkleid.

Für den Theaterbesuch mit Lucy hatte ich mich für einen dunkelblauen Cordblazer und eine graue Hose entschieden, einen korrekten Anzug besitze ich gar nicht. Wahrscheinlich war ich ein fantasieloser und langweiliger alter Sack geworden, selbst meine Frisur fiel inzwischen kaum mehr auf. Gegen eine mutige, junge Frau, die gegen das Establishment rebelliert, war ich bloß eine Witzfigur; dabei galt ich doch früher mal als Aussteiger und Individualist. Allerdings konnte es auch sein, dass Lucy gar nicht absichtlich, sondern aus Unkenntnis diese Requisiten aus dem großmütterlichen Verkleidungsfundus entnommen hatte. Möglich war auch, dass die Großmutter der Meinung war, ihre Enkelin wolle selbst Theater spielen.

Wir kamen fast zu spät, setzten uns sofort auf die reservierten Plätze und wurden zum Glück nicht weiter beachtet. Als der Vorhang aufging, hatte ich aber bald nur noch Augen für meine begeisterte Nachbarin, denn Lucy wurde von Mitgefühl und Entrüstung hin- und hergerissen. Fast bekam ich gar nicht mehr mit, was auf der Bühne geschah, weil das Menschenkind an meiner Seite mich ständig knuffte und mit Gesten, Tränen, Protest und lautem Beifall die ehrlich bemühten Schauspieler übertraf. Vor, hinter und neben uns versuchten einige Zuschauer, die erregte Lucy zur Mäßigung zu bewegen, gaben aber bald auf. Einige amüsierten sich sogar, andere waren verärgert.

In der Pause mussten wir wohl oder übel aufstehen. Abschätzig hefteten sich die Blicke des Provinzpublikums auf die aufgedonnerte Lucy an meiner Seite. Man tuschelte. Es war mir mehr als peinlich. Schleunigst verzog ich mich mit meinem Schützling an einen Stehtisch in der hintersten Ecke, besorgte zwei Gläser Prosecco und wusste nicht, ob meine Feigheit oder mein Stolz, meine Scham oder meine Abenteuerlust überwogen. Aber Lucy war so bewegt und hingerissen, dass ich mich letzten Endes nur noch freute.

Auch einige andere Jugendliche waren in kleinen Gruppen oder mit ihren Eltern hergekommen, ich entdeckte aber nur gelangweilte Gesichter. In meiner Nähe hörte ich, dass eine Mutter ihre blasierten Zwillingssöhne fragte, wie es ihnen bis jetzt gefallen habe. »Geht so«, war die Antwort des einen Jungen, der andere meinte: »Der diesjährige Mephisto ist wahrlich von garstiger Gestalt!«

Da war Lucy doch aus anderem Holz geschnitzt.

Als auch der letzte Vorhang gefallen war und wir schließlich wieder im Auto saßen, meinte Lucy: »Jetzt weiß ich es! Ich möchte Schauspielerin werden!«

»Warst du heute zum ersten Mal im Theater?«

»Nein, mit sechs Jahren durfte ich mit der Oma *Die Bremer Stadtmusikanten* sehen, ich weiß nur noch, dass der Esel kackhässlich war. Aber später war ich immer nur im Kino, das war ein großer Fehler!«

Sie ist eigentlich noch ein richtiges Kind, dachte ich amüsiert. Aber immerhin hatte ich erreicht, dass sie von Goethes *Faust,* dem Klassiker schlechthin, nicht angeödet, sondern hingerissen war. Meine pädagogische Maßnahme war ein voller Erfolg, ich durfte ruhig ein bisschen stolz sein. Aber ich sollte diesen kostbaren Moment nicht missbrauchen, um das Mädchen mit weiteren Bildungsangeboten zu überfordern. Also sagte ich nur scherzhaft: »Mein schönes Fräulein, darf ich wagen, meinen Arm und Geleit ihr anzutragen?«

Daraufhin hängte sich Lucy bei mir ein, und wir begaben uns zum Parkplatz. Erst als wir vor Lucys Elternhaus angekommen waren, wurde sie etwas stiller, vielleicht auch müde.

»Kommst du noch mit rein? Im Kühlschrank steht eine Schüssel mit Nudelsalat, den könnten wir uns reinziehen!«

Neugierig und hungrig folgte ich Lucy in das dunkle Haus. Bald darauf saßen wir am Küchentisch, und es schmeckte mir erstaunlich gut. Lucy hatte selbst gekocht und das reinste Kindergeburtstagsessen kreiert. Dafür hatte sie ein fertig gegrilltes Hühnchen in mundgerechte Happen zerteilt und mit Spiralnudeln, Ananasstückchen und viel Mayonnaise vermengt. Obwohl ich noch nach Hause fahren musste, trank ich ein Gläschen Weißwein.

Als ich endgültig aufbrechen wollte, bestand Lucy darauf, mir noch schnell die anderen Räume zu zeigen. Im Erdgeschoss gab es ein Wohn- und Esszimmer sowie das kleine Büro ihres Vaters. Es sah alles so aus, wie ich es erwartet hatte: ordentlich und aufgeräumt, von guter Qualität und Optik, aber ohne einen Hauch von Originalität. Eine wilde Hummel wie Lucy musste das gesamte Ambiente einfach viel zu brav finden. Widerspruchslos folgte ich ihr auch noch die Treppe hinauf, wo Bad und Elternschlafzimmer einen ebenso einfallslosen, aber freundlichen Eindruck machten. Deswegen war ich auch nicht besonders überrascht, als sie zu guter Letzt die Tür zur Räuberhöhle öffnete. Es war mir klar, dass sich Lucy von ihren Erziehungsberechtigten abgrenzen wollte, bei denen es so hell und luftig aussah. Im Reich der Tochter waren sowohl die Wände als auch ein großer Schrank schwarz gestrichen, auf dem Boden lagen mehrere Matratzen, und als Deko hatte Lucy zehn teuflische Halloweenmasken an die Wand gepinnt. Nur in einer Ecke waren noch die Spuren ihrer Schulzeit vorhanden: ein Schreibtisch plus Laptop, ein Stuhl, ein Bücherregal und eine moderne Lampe. Fast ein wenig verlegen schaute sie mich an.

»Wahrscheinlich gefällt es dir nicht, aber ich wollte sowieso alles mal wieder ganz anders …« Hier stockte sie und fuhr übergangslos fort: »Aber ich bin gerade todmüde …«

»Alles klar, du gehörst jetzt ins Bett«, ergänzte ich und strebte zur Tür. In diesem Moment fiel mir Lucy um den Hals und flüsterte: »Der Worte sind genug gewechselt, lasst mich nun endlich Taten sehen!«

Sie hat gut aufgepasst, dachte ich stolz, da darf

ich mich nicht lumpen lassen. Deswegen verwandelte ich mich in Faust und sie sich in Gretchen.

Am liebsten hätte ich nicht bloß ein paar Stunden, sondern die ganze Nacht auf Lucys Matratzenlager verbracht. Leider brauchte Irma den Firmenwagen aber schon in aller Herrgottsfrühe, weil sie jeden Dienstag zum Großeinkauf ins Frankfurter Frischezentrum fuhr. Auf keinen Fall durfte sie erfahren, dass ich mit ihrer minderjährigen Aushilfskraft geschlafen hatte. Goethe hatte es treffend formuliert: *Ein guter Mensch, in seinem dunklen Drange, ist sich des rechten Weges wohl bewußt.* Umgekehrt aber auch: Ich war vom rechten Weg abgewichen, denn: *Zwei Seelen wohnen, ach! in meiner Brust.*

Erst sehr viel später ging mir ein Licht auf. Wohl kaum jemand ist dazu fähig, sofort nach einer Theateraufführung wörtliche Redewendungen zu behalten. Lucy musste sich vorbereitet haben, hatte das Stück bereits gelesen oder sich die wichtigsten Zitate aus dem Internet herausgesucht und auswendig gelernt – genauso wie ich.

15

# Der Silberrücken

Für einen alten Knochen wie mich ist meine jetzige Tätigkeit der reinste Jungbrunnen, denn ich komme mir vor wie ein frohgemuter Abc-Schütze, der täglich neue Begriffe lernt. Neulich ertappte ich mich sogar dabei, dass ich die Mitarbeiter mit einem forschen »Hai« begrüßte, wobei ich nicht genau weiß, ob man es schreibt wie den Haifisch. Wie immer nickte man mir etwas herablassend zu, nur Irma lächelte ein wenig und brüllte: »Guten Morgen, mein Lieber!«

Außerdem habe ich etwas Sensationelles hier entdeckt: den köstlichen Geschmack des Knoblauchs. Meine norddeutsche Frau hat den Geruch dieser Knolle wohl nicht gemocht, denn in ihrer gutbürgerlichen Küche wurde zwar die Zwiebel häufig verwendet, doch sie lehnte lukullische Experimente grundsätzlich ab und hielt sich an konservative Standardgerichte. Zwar gilt der Knoblauch längst nicht mehr als exotisches Gewürz, aber für mich war er trotzdem eine Offenbarung. Ein gelernter Parfümeur würde es vielleicht so ausdrücken: In Irmas Küche generiert der ambrosische Duft von Allium sativum die alles dominierende Basisnote. Allerdings kommt es wie überall auf die richtige Dosis an. Der Kellner scheint den Knoblauch leider als Hauptmahlzeit zu konsumieren.

Gelegentlich werde ich vom törichten Gekicher der Frauen angesteckt und muss mitlachen, ohne ihre Witze lustig zu finden. Doch ich beeile mich natürlich, schnell wieder ein teilnahmsloses Gesicht mit herabgezogenen Mundwinkeln aufzusetzen, damit mir niemand auf die Schliche kommt. Aber es gibt natürlich auch Schattenseiten – wie überall.

Tag für Tag höre ich nämlich Sätze, die mich zwar nichts angehen, mich aber zutiefst kränken oder sogar in Schwermut versetzen. Als gestandener Mann mit einer reichen Lebenserfahrung werde ich leider nicht mehr wahrgenommen. Wenn man über mich lästert, verwendet man gern verschiedene tierische Decknamen, damit Irma nicht hellhörig wird. Neulich hat sie sich nämlich die Bezeichnung *Lama* ein für alle Mal verbeten. Wohl deswegen spricht Josch jetzt vom *Silberrücken* – klar, dass kein alter Gorilla, sondern ich gemeint bin. Zwar besitzen dominante Tiere einen Harem und sind besonders wehrhaft, aber der ungebildete

Josch hatte nichts anderes im Sinn, als mich mit einem hochbetagten Affen zu vergleichen. Er erwähnte auch schon mal einen Vielfraß, einen Hornochsen oder eine Schnecke mit Hamsterbacken.

Eigentlich sollte man Irma über ein derart ungebührliches Verhalten sofort in Kenntnis setzen, aber dann müsste ich zugeben, dass ich mit eingeschaltetem Hörgerät durchaus nicht taub bin. Selbst sie soll nicht ahnen, wie sehr ich noch auf dem Quivive sein kann.

An einem trüben Dienstag legte sich die müde Irma schon am Morgen kurz aufs Ohr, weil sie noch vor Tau und Tag zum Großmarkt gefahren war. Zuvor hatte sie mir jedoch gezeigt, wie ich den Möhren einen sogenannten Diamantschnitt verpassen sollte, und angegeben, wie viel Zitronenabrieb für ihre famose Süßspeise benötigt würde. Auch Nicole war nicht in der Küche, ich nehme an, dass sie draußen rauchte; übrigens qualmen der lange Lulatsch und die kleine Hexe gelegentlich auch ganz gern. Rauchen, viel Alkohol trinken und Fleisch essen – Irma findet alles nicht gut, aber gerade ihre engsten Mitarbeiter können wohl nicht darauf verzichten.

Ich schnitt gerade dünne Lauchringe für vegetarische Maultaschen, und Lucy scheuerte ein Backofenblech, als Josch die Bühne betrat und um sie herumscharwenzelte. Die beiden waren jetzt fast allein, denn mich nahmen sie nur ganz am Rande wahr. Trotzdem sprachen sie in gedämpftem Ton, so dass ich sofort aufhorchte.

»Kein Wort zu Irma«, sagte der Filou zu Lucy. »Ich möchte keinen Ärger kriegen.«

»Warum? Wir haben doch nichts Verbotenes getan!«

»Gewissermaßen schon. Ich bin dein Vorgesetzter und du meine minderjährige Schutzbefohlene – in solchen Fällen ist Sex strafbar. Und Irma ist in rechtlichen Dingen sehr beschlagen.«

»Warum stellt sie dann Schwarzarbeiter ein?«

»Aus purem Mitleid, denn sie hat ein großes Herz, selbst für einen vertrottelten Silberrücken.«

»Aber sie ist auch schlau, sie kriegt es ratzfatz raus …«

»Mein liebes Gretchen, mach dir keinen Kopf, wait and see!«

Als ich kurz von meinem Schneidbrett hochschielte, bekam ich mit, wie das dumme junge Ding den Lackaffen sehnsüchtig anschmachtete, dann verschwanden die beiden im Lagerraum.

Potzblitz, so war das also! Mir wurde ganz blümerant zumute, und ich konnte nur mühsam die Contenance bewahren. Dieser durchtriebene Casanova hatte die Schwärmerei eines jungen Mädchens auf schamlose Weise ausgenutzt! Zwar hatte er zu Recht auch auf Irmas Güte verwiesen, was seine Tat jedoch in keiner Weise entschuldigen konnte. Ich hasste ihn, diesen widerlichen, effeminierten Tunichtgut, rein äußerlich schon eine Schande mit seinem weibischen Haarknoten, dem kostspieligen Goldkettchen und einem häufig hervorgekramten Schminkspiegel!

Schon beim Anblick dieses Schlawiners musste ich mich ärgern. Zum Glück allerdings nur sporadisch, denn im Grunde hat er in der Küche nichts zu suchen. Schließlich ist er Kellner, und seine wichtigste Arbeit beginnt erst dann, wenn die Gäste hier sind und ich längst wieder zu Hause bin. Vormittags sitzt er die meiste Zeit im Restaurant, liest Zeitung, trinkt Kaffee und arbeitet angeblich am Computer. Ob er sich dann tatsächlich mit der Buchführung und den Bilanzen, mit Reservierungen und Bestellungen befasst, sei dahingestellt. Es hält ihn sowieso nie davon ab, immer wieder in der Küche aufzutauchen, mit den Frauen zu schäkern und sich mit ungewaschenen Fingern einen Happen aus Pfanne oder Topf zu grapschen.

Nachdem ich vom Schäferstündchen der beiden Sünder gehört hatte, war mein erster Impuls, Irma stante pede reinen Wein einzuschenken. Allerdings hätte ich mich damit natürlich verraten. Auch ein anonymer Brief kam nicht infrage, denn mit einer ähnlichen Maßnahme hatte ich bereits viel Unglück angerichtet. Nie wieder eine unüberlegte und folgenschwere Tat, nahm ich mir vor! Wie meine längst verstorbene Großtante betete ich mir vor: *Nicht holterdiepolter, sondern gemach, gemach!* Es würde mir bestimmt noch eine intelligente Alternative einfallen.

Als vorläufige Strafmaßnahme konnte ich mir eine Nachlässigkeit meinerseits vorstellen und den Bösewicht für eine Weile im Kühlraum einsperren. Leider betrat er aber unseren Nordpol nur sehr selten, und meine liebe Köchin würde ihn letzten Endes befreien, bemitleiden, herzen und trösten. Oder ich könnte ihn – wie ich es gerade von Aktivisten gelesen habe – mit Sekundenkleber an seinem Arbeitsplatz fixieren. Allerdings müsste er sich dann kurz erheben, während ich meinen Standort gleichzeitig wechseln müsste. Auch das war schwierig und viel zu riskant.

Wesentlich besser wäre es, wenn Irma Gründe dafür fände, den Lorbass mit Schimpf und Schande vor die Tür zu setzen. Leider glaubt sie steif und fest, völlig auf ihn angewiesen zu sein. Deswegen kann er sich so benehmen, als sei er der wahre Herr im Haus – große Töne spucken und schwadronieren, was das Zeug hält. Irma ist zwar eine begnadete Köchin, kennt sich aber mit Ökonomie tatsächlich nicht gut aus und wird bei der Kalkulation sowohl ungeduldig als auch ungnädig. Wie gern würde ich ihr dabei helfen, aber meine Fachkenntnisse liegen leider auf völlig anderen Gebieten.

Doch plötzlich traf mich schockartig die bittere Erkenntnis, dass ich an Lucys bevorstehendem Unglück ja selbst schuld war. Hätte ich nicht in Joschs Namen diesen unsäglich dummen Zettel geschrieben, dann wäre es nicht zu einer großen Enttäuschung und zur anschließenden Versöhnung gekommen. Durch mich war dieser Luftikus erst darauf aufmerksam geworden, dass die Kleine bis über beide Ohren in ihn verknallt war. Erst deswegen kam ihm der teuflische Gedanke, das naive Mädchen zu verführen.

Ich hatte mir früher immer eine Tochter gewünscht, aber es sollte wohl nicht so sein. Als meine beiden Söhne in Lucys Alter waren, regte sich vor allem meine Frau auf, wenn unsere Jungs erst im Morgengrauen nach Hause kamen. Ich muss jedoch gestehen, dass ich stolz auf die imaginierten Liebesabenteuer meiner Söhne war. Sollen sie sich ruhig die Hörner abstoßen, dachte ich mit einem gewissen Neid. In meiner eigenen Jugend war man ziemlich verklemmt und nur unzureichend aufgeklärt. Auch für unsere Freundinnen gab es noch keine modernen Verhütungsmittel, und deswegen verdarb uns die ewige Angst vor einer Schwangerschaft das Vergnügen. Schon in der Generation meiner Kinder war Verhütung kein Problem mehr, in späteren Jahrgängen wohl erst recht nicht. Wahrscheinlich war Lucy viel erfahrener, als ich mir vorstellen mochte, nahm längst die Pille, und meine Sorgen waren unberechtigt. Aber warum hatte dieser Tunichtgut den rothaarigen Wildfang mit *Gretchen* angesprochen? War sie am Ende bereits schwanger oder hatte sie gar ihr Neugeborenes im Brunnen ertränkt?

Allerdings war es mir bei Licht und mit etwas Gelassenheit betrachtet immer noch lieber, wenn sich Josch an Lucy heranmachte und nicht an Irma. Noch besser wäre es naturlich, er hätte die abgebrühte Nicole zur Befriedigung seiner Triebe ausgewählt. In diesem Fall wäre mir eine Liaison nämlich schnurzpiepegal.

Und noch ein anderer Gedanke quälte mich. Inzwischen war ich beim Notar gewesen und hatte testamentarisch festgelegt, dass Irma mein Haus erben sollte. Natürlich wünschte ich mir, dass sie nach meinem Tod dort einziehen und auf Schritt und Tritt an mich denken würde. Das alte Fachwerkhaus, in dem das Restaurant untergebracht ist, gehörte ihr ja nicht. Aber wäre ein Umzug überhaupt praktisch? Mein Haus war für eine einzelne Person zu groß, Irma würde es vielleicht verkaufen oder vermieten. Falls sie es aber selbst beziehen wollte, dann würde sie bestimmt den verhassten Tunichtgut bei sich aufnehmen. Eine schreckliche Vorstellung! Und falls das Mobiliar dort nicht ausgetauscht wurde, dann durfte dieser widerwärtige Hanswurst wahrscheinlich in meinem Bett unter meinem Plumeau in Irmas Armen schlafen. Dazu durfte es niemals kommen! Ich steigerte mich bei dieser Vorstellung so in Rage, dass ich meinem Rivalen die Pest an den Hals wünschte.

Doch leider war die Pest auf unserem Kontinent längst ausgerottet, und Joschs strotzende Gesundheit ließ ohnehin keinen frühen Tod erwarten. In meinem mühsam unterdrückten Zorn kam mir plötzlich die Idee, dass man vielleicht ein bisschen nachhelfen könnte. Ohne den aufdringlichen Schürzenjäger wäre Irmas Knoblauchküche das reinste Paradies.

## 16
## Lucy im siebten Himmel

Es hat alles tadellos geklappt! Und nun weiß ich, warum *Lucy in the Sky* so gut zu mir passt, denn ich schwebte eine ganze Nacht im siebten Himmel. Josch liebt mich! Wie cool ist das denn!

Bei der nächsten Gelegenheit werde ich ihn davon überzeugen, dass wir überhaupt nichts Strafbares getan haben und einer Wiederholung nichts im Wege steht. Ich bin weder eine Praktikantin noch eine Auszubildende, sondern nur eine Hilfskraft. Und meine Vorgesetzte ist Irma, nicht er. Ganz abgesehen davon könnte ich die Chefin meinerseits anzeigen, weil sie mir eine runtergehauen hat. Daran hatte ich eine ganze Weile zu knabbern, obwohl ich es mir nicht anmerken ließ.

Außerdem habe ich mir vorgenommen, mich ab sofort wie eine kultivierte Dame auszudrücken, damit Josch mich nicht für einen Teenie mit Hasenhirn hält. Sein Englisch ist sicherlich perfekt, denn er hat ja früher die halbe Welt bereist. Klar, dass er es nicht mag, wenn man Sprachen vermischt und zum Beispiel keinen *turn* hat, *fine* ist und *down* gebracht wird. Gerade erst belehrte er Irma, Nicole und mich, dass ein Oldtimer für Engländer keineswegs ein Auto ist, sondern ein altes Männlein wie unser Gemüse-Lama. Ich werde auch nicht mehr jeden Abend mit meinen Kumpeln abhängen, sondern mich für ein gepflegtes Lesestündchen zurückziehen.

Allerdings gibt es gewisse Struggles, die ich noch nicht gelöst habe. Wo können wir uns in Zukunft ungestört lieben? Meine Eltern waren glücklicherweise ein paar Tage lang verreist, aber das kommt viel zu selten vor. Und es wäre schwierig, Josch so diskret bei mir einzuschleusen, dass sie nichts davon mitbekämen. Falls doch, könnte man ihnen glatt zutrauen, dass sie ihn hochkantig rausschmeißen oder sogar anzeigen. Andere Eltern sind sehr viel toleranter, da dürfen die Freunde ihrer Töchter ohne Wenn und Aber über Nacht bleiben. Auch in Joschs eigener Wohnung ist es wahrscheinlich nicht einfach, unbemerkt zu bleiben. Denn er will ja, dass Irma vorläufig nichts von unserem Glück erfährt.

Übrigens waren meine Eltern wie auf Droge, als sie ein Buch neben meiner Matratze liegen sahen, und als es sogar ein Band Goethe aus ihrem eigenen Bücherschrank war, überschlugen sie sich fast vor

Begeisterung. In aller Vorsicht versuchten sie, den Grund für diese Lektüre aus mir herauszulocken. Natürlich haben sie insgeheim die Hoffnung, ich würde demnächst wieder eine Schule besuchen, Abi machen und Steuerberaterin werden.

Schon mehrmals waren meine Eltern zum Essen in der *Aubergine*, vor allem meine Mutter war von der geilen Location und dem angeblich gesunden Essen hin und weg. Wenn mein Vater nicht protestiert hätte, säßen sie jetzt dreimal in der Woche hier und würden mir auf die Finger sehen. Meine Ma hat sich sogar in die Küche gepirscht, was eigentlich für Gäste ein Tabu ist, denn Irma will sich nur in voller Kostümierung im Restaurant zeigen. Wahrscheinlich führten die beiden ein Gespräch über mich, sozusagen von Frau zu Frau. Um sich einzuschleimen, fragte meine Mutter außerdem nach dem Rezept für den ekligen Zucchiniauflauf mit der trockenen Mandelmuskruste. Irma fühlte sich anscheinend sehr geschmeichelt, wickelte ihr sogar ein Stück davon in Alufolie und sagte: »Als kleiner Gruß aus der Küche!«

Zu Hause lästerte mein Vater allerdings über Josch und seinen hippen Man Bun, den er als affig bezeichnete. »Entspann dich«, sagte meine Mutter, »die Jugend trägt heute so was. Der freundliche Kellner macht einen gepflegten Eindruck, und

Haarmoden werden nun mal in jeder Generation neu erfunden. Auch du hattest mal eine andere Frisur …« Dabei betrachtete sie nachdenklich seine Glatze. Ich grinste nur und sagte kein Wort, aber insgeheim und ausnahmsweise gab ich meiner Mutter recht, denn Josch ist so was von clean und alles andere als messy. Ich glaube, alle Frauen finden ihn und seinen Sixpack absolut süß und werden mich beneiden.

Nur zu gern würde ich mir Joschs Wohnung einmal anschauen, sie liegt ganz oben, direkt unter dem Dach. Sicher würde ich dann mehr über ihn erfahren, über seinen Geschmack und vielleicht auch über Hobbys, von denen er bisher nichts erzählt hat. Immerhin bin ich schon mal im ersten Stock in Irmas Reich vorgedrungen, weil ich eine Blumenvase holen sollte. Ich nahm mir Zeit, um mich in Wohn- und Schlafzimmer und der Pisseria umzusehen. Die Küche ist winzig und taugt wahrscheinlich nur für einen frühen Kaffee. Irmas Bett ist wohl der Mittelpunkt ihres Privatlebens, es ist viel zu groß für Frau Liliput und überaus liebevoll mit vielen Kissen und einer mega Daunendecke ausgestattet. Die Bettwäsche war sicherlich teuer, italienisches Design wie bei meinen Eltern. Aber sonst kann man diese Wohnung überhaupt nicht mit meinem sterilen, blendend grellen Elternhaus vergleichen, bei Irma sah alles viel gedämpfter und gemütlicher aus, fast etwas schlampig. Ein Mix aus geerbten Plüschsesseln und IKEA. Überall an den Tapeten waren ungerahmte Aquarelle angepinnt, wahrscheinlich selbst gemalte Bilder von appetitlich angerichteten Gemüseplatten. Irma ist im Grunde ultra nice, oder besser gesagt: Sie wird mir immer sympathischer, denn sie ist im Beruf perfekt, legt privat aber nur auf zwei Dinge großen Wert – auf dekorative Blumensträuße und ein kuscheliges Bett. Aber warum ist es so riesig, wo sie doch ganz allein darin pennt?

Ob Irma Minderwertigkeitskomplexe hat? Weil sie ziemlich klein geraten ist, nimmt sie stets eine stolze Haltung ein, wie sie selbst betont. Sie riecht nach Zitrone, aber Parfüm benutzt sie nie, denn eine Köchin würde damit den feinen Duft der Gewürze erschlagen. Neulich hat sie sogar Josch ermahnt, mit dem Aftershave etwas sparsamer umzugehen. Natürlich rätsele ich immer noch, ob die beiden mal etwas miteinander hatten. Ist das vielleicht der Grund, warum sie nichts von unserer wunderbaren Nacht erfahren soll? Ist sie eifersüchtig?

Irgendwie juckt es mich, Irmas Gefühle für Josch zu testen. Ich könnte ihm zum Beispiel vor aller Augen um den Hals fallen und ihn abschmatzen, gleichzeitig aber ihre Reaktion scharf im Auge behalten. Allerdings wäre Josch mit dieser Aktion bestimmt nicht einverstanden, sondern würde mich abschütteln und den überrumpelten Unschuldsknaben abgeben. Einfacher wäre es, wenn ich Irma ganz harmlos beichten würde, dass ich mit ihrem Oberkellner geschlafen hätte und wir uns lieben würden. Das wäre Josch allerdings noch weniger recht, seine Begründung ist fadenscheinig. Doch ich will ihm nicht in den Rücken fallen und sein Vertrauen verspielen. Es wäre auch keine dauerhafte Lösung, immer nur Irmas kurzes Powernapping für einen Quickie ausnutzen zu können.

Am besten würde Irma durch andere von meiner Beziehung zu Josch erfahren. Und sofort kam mir die zündende Idee, denn Nicole ist durch und durch eine Klatschbase. Wenn ich Irmas Busenfreundin bei einem vertraulichen Gespräch von meiner Liebesnacht erzählte, dann war klar, dass es Irma noch am gleichen Tag erfahren würde.

Josch und Nicole müssen abends immer bleiben, bis der letzte Gast das Haus verlassen hat. Ich weiß nicht genau, ob sie sich gut vertragen. Josch macht zwar Witze über den Gemüsemann und über Aushilfen, die bloß ein paar Tage bleiben, aber nie über den inner circle. Da der sprachkundige Josch aber kritisiert, dass ich mich wie ein Untermensch ausdrücke, müsste er bei Nicole längst festgestellt haben, dass ihr Wortschatz mehr als eingeschränkt ist. Ihr Lieblingswort ist *einfach*. Bei ihr ist alles einfach gut, einfach schlecht, einfach schön, einfach lecker. Sie hat einfach mal gesagt, einfach mal gelacht und einfach mal geweint. Ich denke, sie ist einfach nur einfach gestrickt.

Trotzdem sind die intelligente Irma und die treudoofe Nicole ein Herz und eine Seele, weiß der Henker, warum. Inzwischen bin ich mir nicht mehr sicher, ob Nicole wirklich den bewussten Zettel an mich geschrieben hat und ich ihr deswegen böse sein müsste. Sicher hätte ich Fehler in der Rechtschreibung entdeckt, denn wenn sie mal etwas an die Küchentafel schreibt, dann ist es noch nie korrekt gewesen. Als ich einmal über *Essbergsalat* und *Schamsüppchen* lachen musste, hat mich Irma sofort angepfiffen. Nicole sei Legasthenikerin, das sei ein Handicap, über das man sich nicht lustig machen dürfe. Wenn es um die Verteidigung ihrer Freunde geht, kann Irma zum dragon werden.

Doch selbst wenn wir unsere Beziehung nicht mehr verheimlichen müssten und Irma ihren Segen dazu gäbe, hätten wir noch ein anderes Problem: das Timing. Josch bleibt bis Mitternacht im Restaurant, räumt gemeinsam mit Nicole auf und geht erst ins Bett, wenn ich schon längst zu Hause bin. Deswegen schläft er vormittags ziemlich lange und will nicht gestört werden. Nicht nur wo, sondern auch wann hätten wir überhaupt Zeit für Sex, ohne dabei ständig auf die Uhr schielen zu müssen?

Kommt Zeit, kommt Rat, behauptet meine Mutter. Josch sagt *step by step,* denn er gibt ziemlich oft mit seinem perfekten Englisch an. Beim nächsten Mal werde ich ihn verbessern und erklären, dass es auf gut Deutsch »Schritt für Schritt« heißt. Also beschließe ich, nichts zu überstürzen und nicht allzu ungeduldig auf die nächste Liebesnacht zu lauern. Männer soll man zappeln lassen, und zwar an gesponnenen Fäden.

Heute hatte ich endlich Glück und Erfolg! Irma hielt gerade ihr Nickerchen, Josch las Zeitung, der Gemüsemann schnitzelte vor sich hin, ich räumte wie jeden Tag die Spülmaschinen aus. Da rief es von nebenan aus der Küche: »Lucy, kannst du mir einfach mal einen guten Rat geben …«

Anscheinend war Nicole mit dem Süppchen aus jungen TK-Erbsen nicht recht zufrieden. »Probier mal«, sagte sie, »das schmeckt einfach nach nichts. Irgendwas fehlt noch …«

»Wahrscheinlich ein Stück Speck«, sagte ich,

tunkte aber gehorsam den Probierlöffel in die grüne Pampe und schleckte ihn ab. Etwas fade, stellte ich fest und überlegte. Salz? Curry? Knoblauch?

»Wie wär's mit Dill?«, fragte ich.

Nicole nickte beeindruckt. »Perfekt, das werde ich versuchen! Von allein bin ich einfach nicht drauf gekommen! – Weißt du was? Bevor Irma wieder runterkommt, gehen wir vor die Tür und rauchen eine …«

Beim gemeinsamen Qualmen entwickelte sich eine gewisse Nähe und dadurch die ideale Basis für ein intimes Gespräch. Ich begann: »Nicole, kannst du mir versprechen, dass du es keiner Menschenseele weitersagst? Ich möchte dir nämlich ein Geheimnis anvertrauen …«

Begeistert hob sie die Schwurhand. »Auf mich kann man sich einfach hundertprozentig verlassen!«

Als ich ihr die unerhörte Neuigkeit zugeflüstert hatte, machte sie große Augen.

»Oje! Das wird Irma nicht gefallen«, seufzte sie. »Aber keine Sorge, ich kann schweigen wie ein Grab!«

Ja, dachte ich, sie könnte es, aber sie wird es mit Sicherheit nicht tun.

## 17
## Irma und die Blümlein

Auf dem Großmarkt habe ich einen Verehrer, den sogenannten Blumen-Fred. Seit ich hier regelmäßig zum Einkauf erscheine, umschmeichelt er mich mit Komplimenten. Freddy ist kaum größer als ich und hat aus diesem Grund auch ähnliche Probleme, vor allem tut er sich schwer, eine passende Partnerin zu finden. Als Frau hat man es diesbezüglich zwar eine Spur leichter, aber ich hatte bisher stets das Pech, mich nur in besonders große Männer zu verlieben.

Weil ich seine Misere gut verstehen kann, bin ich immer nett zu meinem Fan, gebe ihm aber auch taktvoll zu verstehen, dass er für mich nicht infrage kommt. Allerdings weise ich seine Liebesgaben nie zurück, denn er schenkt mir stets ein Sträußchen aus abgebrochenen und zum Verkauf ungeeigneten Blumen. Immer wieder betone ich, dass mir gerade diese kleinen Gebinde besonders gut gefallen, weil sie fast wie ein selbst gepflückter Strauß aus einem Bauerngarten aussehen. Dann strahlt der Freddy, und ich kann sicher sein, dass ich auch beim nächsten Mal nicht leer ausgehe.

Meistens nehme ich den kleinen Strauß nach oben in meine Wohnung, aber neulich kam ich nicht mehr dazu und steckte die bunten Blümchen nur rasch in ein leeres Senfglas. Als ich gegen Mittag meinem Freund und Helfer sein Lieblingsessen brachte, stellte ich auch die provisorische Vase auf das Tablett – mit den safrangelben Reisbällchen und ein paar Tomatenscheiben hatte ich blitzschnell ein kunstvolles Stillleben arrangiert. Lucy machte auf meine Bitte ein Foto, auf dem man die zwei weißen Nelken, Goldlack, eine Akelei, etwas Korallenfarn und mehrere Moosröschen gut erkennen kann. Leider habe ich viel zu selten Zeit, für so eine farbenfrohe Kombination zu sorgen, denn das ist für mich das reine Vergnügen.

Doch niemals hätte ich mit der Reaktion von Dr. Soloth gerechnet. Er brach nämlich in Tränen aus! Hatte ich etwas falsch gemacht? Bestürzt setzte ich mich neben ihn und strich ihm behutsam über den Rücken. Als er sich ein wenig beruhigt hatte, erklärte er mit verhaltener Stimme seine seltsame Reaktion.

Seine verstorbene Frau hatte wohl immer einen kleinen Blumenstrauß auf den Esstisch gestellt, der ganz ähnlich aussah wie Freds Liebesbeweis. Obwohl mir der traurige alte Mann leidtat, hatte ich gleichzeitig doch ein etwas mulmiges Gefühl. Hoffentlich hält er das Sträußchen nicht für eine Liebeserklärung, dachte ich. Es heißt doch so schön: durch die Blume gesagt.

Vor Kurzem hatte ich den alten Herrn an einem Haarschneide-Montag nach Hause begleitet, wo er unbedingt noch ein Gläschen Portwein mit mir trinken wollte. Natürlich war ich auch ein wenig neugierig, wie die Wohnräume eines Gelehrten wohl aussahen. Auf den ersten Eindruck überwältigten mich die vielen Bücherregale, selbst über den Türen waren zusätzliche Bretter angebracht, auf den Fensterbänken stapelten sich Türmchen. In einem lichten Erker stand ein Flügel, abgedeckt mit einer bestickten grünen Samthülle. Im Esszimmer befand sich eine Art Hausaltar, eine Anrichte mit Fotos seiner verstorbenen Frau, einer zierlichen Dame mit heller Haut und auffallend blauen Augen. Auch ein paar Reliquien der Gattin waren dort sorgfältig ausgestellt: ein biedermeierliches Nähkästchen und eine Sammlung kleiner Dosen und Kästchen aus Silber, Elfenbein und Schildpatt. Ich erfuhr, dass die Verstorbene alte Perlmuttknöpfe sammelte und in den kleinen Behältern aufbewahrte. Fotos seiner Kinder und Enkel habe ich nirgends entdeckt. Er trauert zwar um seine Frau, dachte ich, aber der Rest der Familie scheint ihm nicht wichtig zu sein. Bevor ich ihn verließ, drückte mir Dr. Soloth einen Hausschlüssel in die Hand. »Wenn ich mal nicht pünktlich zur Arbeit komme, können Sie nachschauen, ob ich überhaupt noch lebe!«

Ich dankte ihm für sein Vertrauen.

Nach seinem Gefühlsausbruch hatte sich der alte Herr irgendwann wieder im Griff, wischte sich die Tränen ab, murmelte eine Entschuldigung und stopfte sich seine Safranbällchen in die Backen. Als er schließlich aufstand und nach Hause gehen wollte, fragte er: »Wird eigentlich auf Ihrem Klavier noch manchmal gespielt?«

Ich verneinte, der alte Kasten in der Gaststube sei mit Sicherheit nicht mehr funktionsfähig, diene seit Langem nur zum Abstellen und gehöre zum übernommenen nostalgischen Kneipenambiente. Seit mein früherer Grundschullehrer uns mit Gesang, Gitarren- und Flötenspiel gepiesackt hatte, gab es zum Glück keine Livemusik mehr in meinem Lokal. Falls wir irgendwann genug Geld für eine Modernisierung hätten, käme die marode Klimperkiste sofort auf den Sperrmüll.

»Oder möchten Sie es haben?«, brüllte ich spaßeshalber. Er schüttelte den Kopf.

Am nächsten Tag machte Vinzent Soloth ein wichtiges Gesicht und bat mich, ihn in den leeren Gastraum zu begleiten. Dort setzte er sich unverzüglich ans Klavier, zog ein beschriebenes Papier hervor und forderte mich auf, ihm ein paar Minuten lang zuzuhören. Eigentlich hatte ich genug Arbeit in der Küche, aber ich tat ihm den Gefallen.

Es dauerte allerdings lange, bis er die staubigen Tasten mit einem riesigen Taschentuch abgewischt hatte. Dann legte er sich den Text zurecht und begann zu meiner Verwunderung mit beiden Händen das Piano zu traktieren und nach ein paar Takten mit ganz hoher, dünner Stimme zu singen, nein, eigentlich zu krächzen.

*Ihr Blümlein alle,*
*Die sie mir gab,*
*Euch soll man legen*
*Mit mir ins Grab.*

Dann hielt er inne, blickte zu mir auf und fragte: »Meine liebe Irma, sicher kennen Sie *Trockene Blumen* aus Schuberts *Schöner Müllerin*? Obwohl Sie wohl andere Musik präferieren …«

Ratlos schüttelte ich den Kopf. Dann setzte er wieder an. Bei einer der folgenden Zeilen musste er zwar heftig schlucken, fuhr aber tapfer fort:

*Ach, Tränen machen*
*Nicht maiengrün,*
*Machen tote Liebe*
*Nicht wieder blühn.*

Und schon konnte er weder singen noch spielen, sondern nur noch schluchzen. Und ich konnte natürlich nicht anders, als mich neben ihn auf die schmale Bank zu quetschen und ihn an mich zu ziehen. Das geschah ebenso spontan wie unüberlegt.

Denn der Alte krallte sich an mich wie ein Ertrinkender und schluchzte: »Das Instrument müsste dringend gestimmt werden! Verehrte Irma, ich liebe Sie, wollen Sie mich heiraten?«

Gut, dass Josch nicht hier war und sich kranklachte. Auch ich wäre beinahe losgeplatzt, aber nach der ersten Schrecksekunde versuchte ich es mit einer scherzhaften Antwort: »Ich muss erst ein bisschen älter werden, noch bin ich viel zu jung, um derart wichtige Entscheidungen zu treffen …«

Seine Antwort kam schnell und passte überhaupt nicht zu seiner gewohnten, altmodisch-galanten

Sprache: »Verarschen kann ich mich selbst!« Damit stand er auf, anscheinend tief gekränkt. Schuldbewusst zog ich ihn an seinem Ärmel wieder zu mir herunter. »Meine Worte waren unüberlegt und tun mir leid, es war aber bestimmt nicht respektlos gemeint …« In letzter Sekunde fiel mir eine passende Formulierung ein, die ich aus kitschigen Historienfilmen kannte: »Ihr Antrag ehrt mich, aber ich möchte noch eine Weile darüber nachdenken!«

Nach einer Schweigeminute meinte der Alte, der sich für seine deftigen Worte wohl schämte: »Ja, natürlich soll man sich einen so wichtigen Schritt gründlich überlegen, aber mir rennt die Zeit davon. Im Übrigen bekämen Sie die Witwenrente auch nur dann, wenn wir mindestens ein Jahr lang verheiratet gewesen wären …«

Als er gegangen war und ich wieder am Herd stand, mochte ich mir weder Nicoles Geplauder noch Lucys Witze anhören, sondern musste fast zwanghaft über das Angebot des alten Mannes nachdenken. Wie stellte er sich eine Ehe mit mir vor? Sollte ich in seinem Haus wohnen und neben ihm im Ehebett schlafen? Oder sollte die Heirat nur auf dem Papier stattfinden, sozusagen als kleiner Rentenbetrug? Und wenn ich nun tatsächlich einwilligte, er aber nicht daran dachte, nach zwölf Monaten zu sterben? Er konnte zum Beispiel hundert Jahre alt werden und müsste von früh bis spät gepflegt werden, bis ich selbst alt und klapprig würde. Nein, auf keinen Fall, beschloss ich. Allein die Idee war totaler Blödsinn! Aber kaum hörbar flüsterte eine innere Stimme: Warum eigentlich nicht, er ist sehr alt und nicht mehr gesund, er ist Wachs in meiner Hand, man kann durch nachlässige Pflege auch dafür sorgen, dass er nicht steinalt wird …

Irgendwann ertappte ich mich dabei, wie ich einen Löffel Zucker nach dem anderen in die Salatsoße schaufelte und das Resultat wegkippen musste. Schließlich zwang ich mich wieder zur Konzentration, denn mein heutiges Essensangebot sollte nicht durch meine Grübelei misslingen. Kriminelle Gedanken haben in einer guten Küche nichts zu suchen. Aber in der nächsten freien Stunde wollte ich irgendwie herauskriegen, mit welcher Summe ich bei der versprochenen Witwenrente überhaupt rechnen könnte. Obwohl das Restaurant gut lief, war ich noch lange nicht schuldenfrei. Und mit meiner eigenen Altersversorgung sah es bei meiner jetzigen Einkommenslage auch nicht gerade rosig aus.

Erst als ich am späten Abend mit der Küche fertig war, setzte ich mich an meinen ungeliebten Rechner und gab das Stichwort *Witwenrente* ein. Auf keinen Fall sollte mir Josch nachsagen können, ich sei berechnend – aber zum Glück sah er mir ja nicht über die Schulter.

Schon bald musste ich erkennen, dass mein einsamer alter Freier nicht auf dem neuesten Stand war. Kinderlose Witwen, die jünger als fünfundvierzig waren, erhielten zwei Jahre lang fünfundfünfzig Prozent der Rente ihres verstorbenen Mannes, danach war Sense. Da ich gerade erst vierzig war, müsste Dr. Soloth auf jeden Fall noch fünf Jahre leben, damit ich ein dauerhaftes Anrecht bekäme. Außerdem hielt ich den Gemüsemann für nicht besonders wohlhabend, weswegen er so oder so keine gute Partie war. Kalkulation war zwar noch nie meine Stärke, aber bei dem vorgeschlagenen Deal konnte selbst ich mir ausrechnen, dass sich eine Heirat finanziell kaum lohnte.

Aber wie sollte ich ihm meine Ablehnung schonend ins Ohr brüllen? Ich beschloss, Nicole am nächsten Morgen um Rat zu fragen. Sie war eine lebenserfahrene Frau mit gesundem Menschenverstand. Doch Nicole kam mir zuvor. »Ist dir in letzter Zeit etwas an Josch aufgefallen?«, fragte sie.

»Allerdings!«, antwortete ich. »Früher hat er es

mit dem Knoblauch übertrieben, jetzt mit dem Aftershave. Ich finde, in einem Restaurant darf es dezent nach leckerem Essen riechen, und damit basta!«

»Da hast du sicher recht«, meinte Nicole. »Aber das meine ich nicht …«

»Na sag schon …«

»Lucy«, flüsterte sie.

»Josch wäre beinahe mal Lehrer geworden. Jetzt hat er ein Opfer gefunden, an dem er seine pädagogischen Fähigkeiten ausprobieren kann«, verteidigte ich ihn. »Wahrscheinlich meint er es mal wieder allzu gut mit seinen Belehrungen, oder wie siehst du das?«

»Irma, du weißt, dass ich keine Klatschbase bin. Deswegen werde ich jetzt einfach mal die Klappe halten. Eigentlich geht es mich ja auch gar nichts an …«

Es dauerte nicht lange, da hatte ich ihr die schockierende Wahrheit entlockt, und der Antrag des Gemüsemanns geriet völlig in den Hintergrund.

# 18
# Joschka

*It's awfully nice, it's paradise!* Aber wie soll es bloß weitergehen?

Obwohl ich weiß, dass Lucy ein schlaues Mädchen ist und unsere Liebesnacht durchaus geplant und vorbereitet hatte, bin ich glücklich wie schon lange nicht mehr. Lucy ist wahrscheinlich noch glücklicher als ich, so dass wir ein paar Stunden lang das Paradies auf Erden hatten. Wie schön war dieses Mädchen ohne ihre seltsame Theaterkostümierung, besser gesagt ganz ohne Kleidung! So jung und anschmiegsam, so zart und zärtlich, so warm und leidenschaftlich! Und mit welcher Inbrunst wir beide diesen One-Night-Stand erlebt haben und uns jetzt danach sehnen, das einmalige Abenteuer in *One Thousand and One-Nights*-Stands umzuwandeln. Ohne es zu ahnen, nannte mich Lucy mit dem Kosenamen, den mir meine Mutter gegeben hatte: Joschka. Seit zwanzig Jahren hat mich niemand mehr so genannt, im Pass steht zwar *Joshua,* aber damit hatten mich höchstens ein paar Lehrer angesprochen. Als Joschka fühle ich mich wieder jung und schwebend leicht.

Doch nun ist wieder Alltag, und ich muss versuchen, mich mit der Realität auseinanderzusetzen.

Irma betrachtet mich als ihren Lebensmenschen, zwar nicht im Bett, aber in allen anderen Bereichen. So großzügig sie auch in finanzieller Hinsicht ist, so besitzergreifend und kleinlich benimmt sie sich bei ihren emotionalen Ansprüchen. Schon immer war sie sehr eifersüchtig, sie hält mich wohl für ihr Eigentum. Meine kurzen Affären hat sie wahrscheinlich geahnt, aber wortlos hingenommen. Um ihr nicht wehzutun, war es für mich eine Ehrensache, dass sie nichts davon erfuhr. Ich war daher sehr erleichtert, dass Nicole, die alte Plaudertasche, nicht mit unserem einmaligen Fehltritt angegeben hatte. Mit Lucy ist jedoch alles komplizierter – sie ist bis über beide Ohren verliebt, sie gehört zum Team und ist ständig da, sie ist noch nicht volljährig, ich bin fast doppelt so alt.

Wie wird Irma reagieren, wenn sie früher oder später von unserem Schäferstündchen erfährt? Ich stelle mir eine Furie vor, die tobt, kratzt und beißt, flucht und geifert, Lucy auf der Stelle rausschmeißt und den ahnungslosen Eltern einen geharnischten Brief schreibt. Da Lucy keinen Arbeitsvertrag hatte, ist das juristisch gesehen auch unproblematisch. Andererseits hat mein Herzblatt aber recht, dass wir nichts Verbotenes getan haben. Sie ist bereits siebzehn Jahre alt und steht in keinem Abhängigkeitsverhältnis zu mir.

Nun, Lucy würde wohl schnell einen anderen Job finden oder vielleicht doch noch eine weiterführende Schule besuchen. Aber was würde aus mir? In ihrem Zorn wird mich Irma ebenfalls vor die Tür setzen, egal wie schwer es für sie ist, einen gleichwertigen Ersatz zu finden. Wenn Irma ausflippt, setzt ihre Vernunft völlig aus.

Es ist zwar klar, dass sie ohne mich aufgeschmissen wäre, aber leider ist es auch für mich unrealistisch, eine ähnlich gut bezahlte und angenehme Arbeit zu finden. Erstens bin ich kein gelernter Kellner und kann keine Zeugnisse vorlegen, zweitens wohne ich hier mietfrei, bin am Gewinn beteiligt und kann mir meine Zeit weitgehend nach eigenen Bedürfnissen einteilen. Wo sonst gibt es derart paradiesische Bedingungen! Manchmal klingen mir noch die bösen Worte meines Vaters im Ohr, der mich bei einem zornigen Ausbruch als *faule Sau* bezeichnete.

Schlimmstenfalls muss ich mich zwischen Irmas Gunst und Lucys Liebe entscheiden.

Nie werde ich vergessen, wie ich früher einmal Irmas Wut am eigenen Leib zu spüren bekam. Immerhin haben wir damals noch gelegentlich miteinander geschlafen, weshalb sie sich nach meiner Affäre mit einer Nachbarin wie eine betrogene Ehefrau fühlte. Leider befindet sich mein Bett nur wenige Meter über Irmas Schlafzimmer, und da das alte Haus nicht gut gedämmt ist, konnte sie uns hören. Von da an habe ich es vermieden, eine Frau in meine Mansarde mitzunehmen.

Nun, das ist zwar längst verjährt, aber ich habe richtig Angst vor einem erneuten Ausbruch. *Da werden Weiber zu Hyänen,* würde Schiller sagen. Eine derart jähzornige Attacke hätte ich ihr niemals zugetraut, denn sie ist so viel kleiner als ich, sozial engagiert und im Grunde herzensgut.

Die Angst scheint mich sogar im Unterbewusstsein zu begleiten, denn gestern hatte ich einen Albtraum: Irma stopfte mich in den heißen Backofen, wie sie das mit der Flöte ihres verhassten Grundschullehrers getan hatte oder wie es im Märchen die pfiffige Gretel mit der bösen Hexe machte. Als ich wach wurde, schüttelte ich den Kopf über meinen absurden Traum, denn ich würde ja niemals in einen unserer Backöfen hineinpassen.

Meine jugendliche Geliebte findet, wir sollten Irma die Wahrheit sagen. Sie glaubt fest daran, dass ihre Chefin überhaupt nichts dagegen hätte, wenn ich die Nächte mit ihrer Hilfskraft verbringe.

»Sie mag mich richtig gern«, behauptete Lucy. »Allerdings bläst sie manchmal ins gleiche Horn wie meine Alten. Sie erzählte mal, dass sie sehr gern das Abi gemacht und studiert hätte, aber ihre Eltern es nicht zugelassen haben. Ich dagegen hätte alle Chancen der Welt und würde sie aus Trotz nicht wahrnehmen! Wahrscheinlich findet sie es cool, dass ich in dir mehr als bloß einen Lehrmeister gefunden habe.«

»Was würden denn deine Eltern zu unserer Beziehung sagen?«, fragte ich vorsichtig.

»Die sind Kummer gewohnt«, versicherte Lucy. »Zuerst gibt es immer mega Stress, dann geben sie auf. Im Grunde wollen sie mich nicht *losen* – also verlieren!«

»Und wie ist es mit dir? Du willst deinen Eltern doch auch nicht wehtun …«

»Die hab ich voll im Griff, die haben längst aufgehört, mich zu pushen«, meinte sie selbstbewusst.

Irgendwann musste es ja so kommen. Als ich am späten Vormittag die Küche betrat und freundlich guten Morgen wünschte, erhielt ich keine Antwort.

Irma und Nicole tuschelten miteinander, betteten einen Mürbeteig in die Form und zogen die Ränder hoch. Erst vor Kurzem hatte ich die beiden belehrt, dass das französische Wort *Quiche* vom lothringischen *Kuechel* abgeleitet wurde, also eigentlich Kuchen bedeutet. Die beiden schauten nicht auf und nahmen mich offenbar gar nicht wahr. Nur der Gemüsemann brabbelte vor sich hin, ich meinte, so etwas wie »dicke Luft« zu hören. Lucy war anscheinend im Nebenraum bei den Spülmaschinen.

Natürlich verließ ich die Gefahrenzone so schnell wie möglich, zapfte im leeren Restaurant einen Espresso aus der Kaffeemaschine, setzte mich an meinen gewohnten Tisch und schlug die Zeitung auf. In Gedanken war ich aber nicht bei der Sache. Sah ich Gespenster? Litt ich an Paranoia? Doch ich wurde bald eines Besseren belehrt, denn nicht Irma, sondern Nicole kam herein und überreichte mir einen vollen Sack mit Verpackungsmüll, den ich zum Container bringen sollte. Das war im Allgemeinen nicht meine Aufgabe, aber ich gehorchte widerspruchslos, jedoch mit einem unguten Gefühl. Als ich in den Hof kam, stieß ich fast mit Lucy zusammen, die wiederum einen vollen Eimer mit Bioabfall ausleeren sollte. Wir begrüßten uns lachend und plauderten eine Weile, obwohl ich zunehmend witterte, dass da etwas nicht stimmte. Als wir nämlich wieder hereinkommen wollten, war die Tür abgeschlossen.

»Dann müssen wir außen herumgehen«, sagte Lucy, aber der Eingang zum Restaurant war um diese Zeit natürlich nicht geöffnet. Mir war sofort klar, dass man uns mit voller Absicht ausgesperrt hatte. Auf die Klingel reagierte niemand.

»Fuck! Aber du hast doch einen Hausschlüssel«, sagte Lucy, doch der lag samt Laptop, Handy und Brieftasche neben meiner Kaffeetasse.

»Äußerst strange«, fand Lucy. »Ob das vielleicht ein Streich sein soll? Oder haben sie Stöpsel in den Ohren und hören dröhnend laute Musik? Aber sorry, wozu habe ich schließlich den leeren Eimer?«

Und mit diesen Worten lief sie wieder an die hintere Hausseite, stellte die provisorische Trittleiter umgedreht vor das Küchenfenster, stieg hinauf und hämmerte mit geballter Faust gegen die Fensterscheibe.

»Irma und Nicole sind nicht zu sehen«, stellte sie fest, »anscheinend sind sie mit der Quiche fertig und arbeiten nicht mehr am großen Tisch. Aber heute Vormittag kommt der Getränkelieferant, spätestens dann müssen sie die Kellertür aufmachen!«

»Jetzt werde ich mich mal auf den Eimer stellen«, sagte ich. »Ich bin ja viel größer als du. Dann spielen wir: Ich sehe was, was du nicht siehst!«

So war es auch, ich konnte nämlich den Gemüsemann erspähen, der in seiner Ecke saß und fleißig schnippelte. Aber leider war er ja stocktaub und reagierte nicht auf mein Klopfen. Doch auf einmal schien er doch etwas wahrzunehmen, sah hoch, entdeckte mich, nickte und grinste. In Zeichensprache versuchte ich ihm klarzumachen, dass er die Tür zum Hof öffnen solle.

Anscheinend verstand er, dass ich irgendetwas von ihm erwartete. Er erhob sich gemächlich und richtete sich zu voller zwergenhafter Größe auf, damit ich ihn gut sehen konnte. Dann streckte er die Zunge heraus wie Albert Einstein, verharrte ein paar Sekunden in dieser Position und begab sich seelenruhig zurück an seinen Platz.

Verdrossen stieg ich wieder herunter und sagte: »Der alte Sack ist wohl der Dritte im Bunde, der lässt uns auch nicht rein. Was machen wir jetzt? Es sind bloß vierzehn Grad, mir wird allmählich kalt ohne Jacke …«

»Ich friere auch«, sagte Lucy. »Wir könnten wegfahren und irgendwo in einer Kneipe etwas Warmes trinken …«

»Leider liegen sowohl der Schlüsselbund als auch mein Portemonnaie neben meinem kalt gewordenen Kaffee. Ich könnte weder den Firmenwagen starten noch eine Rechnung bezahlen. Und allmählich finde ich es unterirdisch, wie zwei Deppen hier herumzulungern.«

»Come on!«, sagte Lucy. »Ich wohne ja nicht weit, und meine Eltern sind nicht zu Hause. Wir hätten eine sturmfreie Bude und eine eigene Küche. Irma wird sich krankärgern, wenn sie heute auf unsere Hilfe verzichten muss. Aber daran ist sie selber schuld!«

»Hast du denn einen Hausschlüssel dabei?«

»Nein, aber ich kenne das Versteck.«

In meiner Not ließ ich mir das nicht zweimal sagen, und wir machten uns zügig auf den Weg.

»Welchen Beruf hat dein Vater?«, fragte ich.

»Ist das wichtig für dich?«, fragte sie in leicht gereiztem Ton zurück. »Aber wenn du es unbedingt wissen willst: Mein Papa ist Geschäftsführer einer Spedition, und meine Ma ist Buchhändlerin, aber nur von zehn bis fünfzehn Uhr. Danach stöhnt sie über den Haushalt, denn bei ihr muss immer alles perfekt sein.«

Hm, dachte ich, dann sollte ich auf jeden Fall schon vorher mein Asyl verlassen.

# 19
# Vinzent, der alte Fuchs

Irma weinte. Nicht etwa, weil sie sich in den Finger geschnitten hatte oder auf die Waage gestiegen war, sondern weil ihr lieber Josch eine Liaison mit der rothaarigen Hexe hatte. Eigentlich müsste ich der frechen Lucy dankbar sein, dass sie sich den Kellner geangelt hat und Irma seinen wahren Charakter endlich erkannte. Obwohl wir ausnahmsweise allein in der Küche waren, verlor dieser trauliche Moment durch Irmas Larmoyanz seine Magie.

Aber wie hatte es meine Angebetete erfahren? Nicole, ein dummdreistes Weib von schlichter Bildung und schlechtem Geschmack, aber mit gut funktionierenden Antennen, hatte es ihr wahrscheinlich gesteckt. Auch ich wusste bereits Bescheid, aber um Irma zu warnen, hätte ich die Existenz meines winzigen Hörgeräts verraten müssen. Einen Moment lang erwog ich tatsächlich, mein Geheimnis zu lüften. Schon nach fünf Minuten konnte ich es nämlich kaum mehr ertragen, mir ihren Liebeskummer in voller Lautstärke anhören zu müssen. Zweimal brüllte sie sogar, ihr Restaurant sei kein Bordell!

Eigentlich war ich bass erstaunt, dass sie ausgerechnet einem alten Mann wie mir den Grund für ihr Unglück verriet. Einerseits ehrte mich Irmas Vertrauen, andererseits konnte ich ihren Gefühlsausbruch absolut nicht nachvollziehen. Wie kann man bloß um einen solchen Windhund Tränen vergießen! Wie konnte sich eine so lebenskluge Frau in einen liederlichen Hallodri vergucken! Doch leider schien er nicht nur ihr Geschäftspartner, sondern auch das Objekt ihrer erotischen Sehnsüchte zu sein.

So wie sie es gelegentlich bei mir getan hatte, so sacht strich ich ihr jetzt über den Rücken und suchte dabei vergeblich nach passenden Trostworten. Sollte ich ihr vielleicht zu einem Rachefeldzug raten? Meistens kann sich ein erhitztes Gemüt durch eigene Aktivität wieder etwas abkühlen; nichts macht unglücklicher als die passive Opferrolle.

»Wenn er Sie mit falschen Versprechungen hintergangen hat, müssen Sie es ihm heimzahlen«, schlug ich vor. Nachdem ich es ausgesprochen hatte, gefiel mir meine Idee immer besser. Einem gewissenlosen Casanova, der blutjunge Mädchen verführte, sollte man auf der Stelle das Haus verbieten, am besten ihn sogar endgültig rausschmeißen. Meine Dolchworte zielten passgenau auf Irmas verwundetes Herz.

»Gerade hatte ich vor, ihm mein schärfstes Messer in die Brust zu jagen«, schluchzte Irma, »aber damit schade ich mir selbst am meisten. Sie haben recht, der Kerl darf sich hier nicht mehr blicken lassen und das undankbare Flittchen schon gar nicht. Ich habe alle beide bereits ausgesperrt. Soll Josch doch auf der Straße schlafen und erfrieren!«

Ich nickte zustimmend, obwohl die Probleme hiermit nicht gelöst wurden. Man konnte Josch den Zugang zu seiner Wohnung schließlich nicht verwehren. Und wer sollte heute Abend servieren? Ganz zu schweigen von den vielfältigen anderen Aufgaben, die der Haderlump übernommen hatte.

»Allerdings sollte man unsere Lucy nicht allzu hart bestrafen«, sagte ich. »Die Kleine hat zwar Flausen im Kopf, kann einem aber auch leidtun. Am Ende hat er sie sogar geschwängert …«

Das hätte ich nicht sagen sollen, denn nun geriet Irma erst richtig in Fahrt.

»Dieses Biest ist kein unschuldiges kleines Mädchen, sondern eine abgefeimte Nutte! Eigentlich ist sie an allem schuld! Männer sind doch nur testosterongesteuerte Idioten! Wenn es um Sex geht, dann tappen sie blindlings in jede Falle. Nicht Lucy, sondern ihre Eltern sollten uns leidtun, es sind anständige Leute. Die werden sich noch wundern …«

»Was gedenken Sie zu tun?«

»Ich will nicht nur Josch, sondern auch das kleine Miststück nie wieder hier sehen! Hausverbot ist noch das Mindeste! Was raten Sie mir denn? Eigentlich ärgere ich mich am meisten über mich selbst und sollte mich in Grund und Boden schämen, dass ich den beiden so blind vertraut habe! Am liebsten würde ich mich in ein Mauseloch verkriechen oder alles hinschmeißen und auf die Taka-Tuka-Insel auswandern!«

»Liebe Irma, so schnell kriegen Sie keinen Flug nach Taka-Tuka. Ein bisschen räumlicher Abstand täte aber trotzdem gut, kommen Sie doch erst einmal zu mir! Mit Verlaub – mein Haus steht Ihnen jederzeit zur Verfügung.«

Sie sah mich groß an und schien tatsächlich über meinen Vorschlag nachzudenken. Aber ich musste auf dem Quivive bleiben, um meine Angebetete nicht vorschnell zu vergraulen.

»Die ehemaligen Kinderzimmer sind seit Jahren vakant …«, ergänzte ich, damit sie gar nicht erst auf die Idee kam, ich wolle sie in meinem Schlafzimmer einquartieren.

»Also gut, dann machen wir das vielleicht so! Vielen Dank für Ihr großzügiges Angebot, Herr

Soloth«, entschied Irma kurz entschlossen. »Josch darf mir nicht mehr unter die Augen treten, sonst kommt es zu Mord und Totschlag. Er soll schleunigst seine Sachen packen und in ein Hotel ziehen. Erst wenn er endgültig fort ist, werde ich in meine Wohnung zurückkommen.«

Alles verlief zu meinen Gunsten, heimlich frohlockte ich bereits und traute mich einen Schritt weiter.

»Verehrte Irma, ich durfte Sie schon immer mit Ihrem Vornamen ansprechen. Bitte sagen Sie doch Vinzent zu mir, wir sind schließlich Verbündete.«

»Okay, Vinzent. Aber dann können wir uns auch gleich duzen«, sagte sie und schnäuzte sich allzu dicht an meinem gequälten Ohr. Ich zuckte zwar zusammen, ergriff aber wie ein Kavalier alter Schule ihre Hand und führte sie andeutungsweise an meine Lippen. Ich liebe Irmas Hände, sie sind klein, kräftig, flink und fleißig, böse Menschen würden von Wurstfingern sprechen, aber gerade das Rundliche gefällt mir. Ich spreche lieber von Patschhändchen, so wie man es bei einem pummeligen kleinen Mädchen sagen würde.

Kurz darauf trampelte die pragmatische Nicole herein und störte unser Tête-à-Tête.

»Ich mach jetzt einfach mal Mittagspause und

bin weg. Aber wie sollen wir es heute Abend halten?«, fragte sie. »Du weißt hoffentlich, dass der halbe Veggie-Klub reserviert hat, irgendwann müssen wir den Josch wieder reinlassen. Soll ich ihn anrufen?«

»Das geht doch gar nicht, sein Handy liegt hier«, jammerte Irma.

»Dann versuche ich es einfach mal bei Lucy«, sagte Nicole. »Die hat ihres immer in der Hosentasche. Ich nehme an, die beiden treiben sich einfach noch draußen herum und frieren sich einen Ast ab.«

Dabei grinste sie etwas gehässig. Auch ich konnte mir eine gewisse Schadenfreude nicht verkneifen.

»Mach, was du willst«, sagte Irma mit einem tiefen Seufzer. »Meinetwegen soll der Schuft heute noch hier arbeiten, aber er darf mir nicht unter die Augen treten! Die Küche ist tabu, du musst die fertigen Gerichte auf dem Servierwagen ins Restaurant schieben, dort soll er übernehmen. Oder ruf lieber die Kim an, ob sie heute Abend frei hat und aushelfen könnte …«

»Wenn du meine Meinung hören willst«, sagte die resolute Nicole, »dann stell dich einfach nicht so an! Josch kann schlafen, mit wem er möchte, du willst ihn doch sowieso nicht im Bett! Also, was soll das ganze Theater?«

Nun war ich etwas verblüfft, denn Nicole schien vernünftiger zu denken, als ich ihr zugetraut hatte. Aber sie hatte sehr leise gesprochen, ich musste so tun, als hätte ich kein Wort verstanden. Immerhin wusste ich jetzt, dass Irma und Josch mit Sicherheit nicht miteinander schliefen. Es gab angeblich nicht wenige Menschen, die gar keinen Wert auf Sexualität legten, wahrscheinlich gehörte auch Irma dazu. Dieser Aspekt kam mir sehr zupass, weil ich den Ansprüchen einer leidenschaftlichen Frau schon lange nicht mehr gewachsen bin. Mein Bedürfnis ist ein anderes: Ich möchte zärtlich berührt oder wenigstens überhaupt mal angefasst werden. Die Aussicht darauf, fast jeden Nachmittag, Abend und die ganze Nacht mutterseelenallein in meinem großen Haus zu sein, ist bedrückend. Ich sehne mich nach einem freundlichen Menschen an meiner Seite – oder wenigstens im Nebenzimmer.

Meine beiden Freunde aus der Jugendzeit leben nicht mehr, der dritte ist dement. Klassentreffen finden nicht mehr statt. Die früheren Kollegen sind weggezogen. Meine Söhne wohnen in einem anderen Erdteil, und mit meinen Cousins und Cousinen habe ich keinen Kontakt. Und zu allem Überfluss habe ich eine seltsame Marotte entwickelt: die Todesanzeigen in der Zeitung. Das Frühstück ist die einzige Mahlzeit, die ich mir immer selbst zubereiten muss, nun ja – das ist noch zu schaffen. Seit ich Rentner bin, habe ich es geliebt, beim morgendlichen Kaffeetrinken in aller Ruhe die Zeitung zu lesen. Politik, Kultur und lokale Ereignisse waren schon immer meine Favoriten, Sport und Wirtschaft interessieren mich weniger. Aber seit ein paar Jahren sind mir die Todesanzeigen am wichtigsten. Bevor ich mich noch der Titelseite zuwende, muss ich fast zwanghaft kontrollieren, wer in welchem Alter gestorben ist. Und immer wieder erfüllt es mich mit einem gewissen Triumph, wenn ich älter bin als der Verstorbene und immer noch lebe.

Doch die quälenden Fragen beschäftigen mich vor allem in der Nacht. Wie lange schaffe ich es noch, ohne permanente Betreuung in meinem Haus zu bleiben? Müsste ich mich nicht schleunigst nach einem geeigneten Platz in einem Altersheim umsehen? Ist es eigentlich nicht wider die Natur, dass wir immer älter werden? Gibt es nicht die Sage von alten Indianern, die sich zum einsamen Sterben auf einen Felsen zurückziehen? Ein würdevolles Bild und vielleicht die beste Lösung für mich: Einige Tage ohne Essen und Trinken, und man landet in den ewigen Jagdgründen.

Die jahrelange Pflege alter Menschen ist in der Evolution sowieso nicht vorgesehen. Unsere nächsten Verwandten, die Schimpansen, denken gar nicht daran, sich um gebrechliche Artgenossen zu kümmern. Ihre liebevolle Fürsorge gilt einzig und allein dem Nachwuchs, also der Zukunft.

Andererseits möchte ich noch ganz gern ein wenig verweilen, in aller Ruhe Karotten schälen, eine warme Mahlzeit serviert bekommen und vor allem Irmas Nähe spüren. Wenn sie mich heiraten würde, wäre es das Paradies. Vielleicht gibt es aber doch noch eine Chance.

Als Nicole die Bühne verlassen hatte, seufzte Irma zwar tief auf, kommandierte aber mit fester Stimme: »An die Arbeit, es gibt viel zu tun!«

Mit diesen Worten brachte sie mir einen Gemüsehobel, ging in die Kühlkammer, holte drei Köpfe Rotkohl und befahl: »Strunk herausschneiden, halbieren, vierteln, achteln und in feine Streifen raspeln!«

Und schließlich stieß sie noch einen Satz hervor, den sie wahrscheinlich von Josch gelernt hatte: »Business as usual!«

20

# Lucy in Not

Wir waren ziemlich durchgefroren, als wir bei mir zu Hause ankamen, ich setzte sofort Teewasser auf. Zum Glück geizen meine Eltern nicht beim Heizen, es ist immer schön warm in der Küche, auch wenn sie gar nicht anwesend sind. Ich fand die Situation mega geil, aber Josch fragte nur, ob es hier Zigaretten gebe. Er wirkte etwas lost, war nervös und wusste wohl nicht, was uns als Nächstes bevorstand. Als mein Handy klingelte, war es Nicole, die Josch sprechen wollte. Er sprang auf, lief beim Telefonieren hin und her und schien sich langsam zu beruhigen.

»Ich soll um fünf wieder im Restaurant antreten«, sagte er. »Klar, dass der Betrieb ohne mich nicht zu stemmen ist. Dann können wir uns jetzt aufwärmen, etwas zu essen machen und ein bisschen verschnaufen! – Was hast du gesagt, wann kommt deine Mutter nach Hause?«

»Noch lange nicht«, sagte ich und öffnete den Kühlschrank. »Magst du Spiegeleier?«

»Aber nur mit viel Speck«, sagte er und rieb sich die klammen Hände. »Kalorien sind jetzt wichtig, ich friere immer noch!«

Während das Wasser heiß wurde und die Butter in der Pfanne schmolz, flitzte ich noch schnell zum Garderobenschrank, riss den dunkelblauen Kaschmirpullover meines Vaters heraus und warf ihn in Joschs Richtung.

Ich schlug vier Eier in die Pfanne. Speck war leider keiner da, aber immerhin ein noch eingeschweißter Parmaschinken und frisches Buchweizenbrot. Bald darauf saßen wir am Küchentisch und mampften, inzwischen ging es uns schon sehr viel besser. Leider kleckerte Josch etwas Eigelb auf den Pullover, was ihm peinlich war.

»Sind deine Eltern sehr pingelig?«, fragte er und bearbeitete den Fleck mit einem Schwammtuch.

»Yes! Meine Mom ist total strikt, mein Dad zwar stockkonservativ, aber eigentlich ein okayer Typ. Allerdings gehört er zu der Generation Babyboomer, die jeden Satz mit *früher* beginnen …«

»Früher war alles besser, das fanden schon meine Urgroßeltern«, meinte Josch. »Ob wir das auch mal sagen? Selbst meine Oma will nie mehr auf ihre Waschmaschine verzichten.«

»Deswegen werde ich Papas gutes Stück mit Omas Persil in die Trommel stopfen.«

Josch grunzte zufrieden, gähnte und streckte die Beine aus. »Ein Sofa mit vielen Kissen und einer Wolldecke wäre jetzt nicht falsch«, sagte er.

Jetzt hab ich ihn, dachte ich zufrieden und griff nach seiner Hand. »Komm, wir gehen nach oben, ich bin genauso k. o. wie du.«

Obwohl ich immer noch nicht kapierte, warum uns Irma kein Liebesglück gönnte, war ich ihr letzten Endes fast dankbar. Denn ohne ihre rachsüchtige Aktion hätte ich keinen Grund gehabt, Josch an einem stinknormalen Vormittag zu mir nach Hause zu lotsen.

Nach viel Zoff mit meinen Erzeugern haben wir seit einiger Zeit ein Agreement getroffen: Sie dürfen mein Zimmer nicht mehr betreten, und ich sorge dort selbst für Sauberkeit und Ordnung, und zwar ohne ihre ständigen Kontrollen. An meiner Tür hängt ein Schild: NO ENTRY, auch Gülcan, die jeden Mittwoch zum Putzen kommt, hat keinen Zutritt.

Als wir nach dem Theaterbesuch in meinem Zimmer landeten, war ich darauf vorbereitet, hatte gesaugt, ausgemistet und gelüftet. Diesmal konnte ich nicht ahnen, dass wir so plötzlich die Gelegenheit für ungestörten Sex haben würden. Leider sah es diesmal in meinem Reich chaotisch aus: ein riesiger Kleiderberg auf dem Fußboden, ein sehr spezieller Geruch – leider nicht nach Rosen und Lavendel –, ein Teller mit kalten Nudelresten und eingetrockneter Tomatensoße neben der Matratze, ein gefüllter Aschenbecher neben dem Kopfkissen. Außerdem war es nicht dunkel wie damals, sondern heller Tag und kein bisschen chillig. Mit einem Wort: eine haarige Situation, meine Eltern wären wahnsinnig schadenfroh gewesen. Josch ist zwar mega cool und überhaupt kein Spießer, aber immer frisch geduscht und clean gekleidet. Ich sah ihm an, dass er sich ekelte.

»Vielleicht sollten wir hier mal ein bisschen aufräumen«, schlug er vor.

Doch ich hatte blitzschnell umgeschaltet. »Ich bin gestern Abend nicht mehr dazu gekommen«, behauptete ich. »Und jetzt sollten wir die Zeit nicht mit so was verschwenden. Komm, wir gehen woanders hin.«

Das Schlafzimmer meiner Eltern sah immer gleich aus: wie geleckt. Die Bettdecken mit dem langweiligen Karomuster waren sorgfältig glatt gezogen. Aber ich fand es in diesem Augenblick nicht cringe, sondern scheißegal und befreite mich als Erstes von meinen klobigen Stiefeln.

»Sollen wir hier wirklich …?«, fragte Josch, aber als ich mein Shirt auszog, gab es auch bei ihm kein

Halten mehr. Über kurz oder lang lagen wir in den Ehebetten und unsere Kleider am Boden verstreut.

Wir waren derart high, dass wir wohl das Zufallen der Haustür und die dumpfen Schritte auf der Treppe überhörten. Erst als wir einen entsetzten Aufschrei vernahmen, schreckten wir hoch. Mitten im Zimmer stand mein Vater, griff sich an den Kopf und stöhnte: »Das glaub ich jetzt nicht!«

Sekundenlang starrten wir uns an, dann brüllte er: »Sofort raus hier, sonst rufe ich die Polizei!«

Der nackte Josch sprang hektisch aus dem Bett, hielt sich Mamas Kopfkissen vor den Unterleib und floh ins angrenzende Badezimmer. Ich zog mir die Bettdecke über den Kopf und stellte mich tot. Eine Weile war es sehr still. Dann setzte mein Dad wieder an, diesmal mit zittriger Stimme: »Ich erwarte eine Erklärung!«

Auch ich verstand die Welt nicht mehr, denn noch nie war dieser Arsch schon vormittags nach Hause gekommen. »Wieso bist du überhaupt hier?«, stotterte ich.

Er ließ sich auf einen Stuhl fallen und schüttelte dabei immer wieder den Kopf. Schließlich murmelte er: »Weil ich starke Schmerzen habe und mich hinlegen muss. Bring deinem Kerl seine Klamotten, damit er abhauen kann. Ich möchte nicht, dass er stundenlang unser Badezimmer blockiert.«

Nackig, wie ich war, kroch ich aus dem Bett. Mein schamhafter Vater drehte sich weg, während ich mir schnell Slip und T-Shirt anzog. Dann raffte ich Joschs Sachen zusammen und schlich mich ins Bad. Eingemummelt in das übergroße geblümte Badetuch meiner Mutter, hockte mein Lover mit aufgelöstem Haarknoten auf dem Wannenrand und murmelte unaufhörlich: »Scheiße, Scheiße, Scheiße!«

»Komm, hör auf! Zieh dich an, wir müssen weg …«, sagte ich.

»Wir?«, fragte er. »Hat er dich etwa auch rausgeschmissen?«

»Nicht direkt, aber mir stinkt es schon lange. Neulich hörte ich, wie meine Mutter am Telefon mit einer Freundin über mich sprach, es war von *unserem Früchtchen* die Rede. Ich ziehe jetzt aus. Und zwar zu dir!«

Josch sah mich groß an und schüttelte dann den Kopf. »Für den Moment kannst du mitkommen, aber ich fürchte, das ist keine Dauerlösung.«

Da ich mich nicht mehr ins Schlafzimmer traute, wo Hoodie und Jeans, Strümpfe und Stiefel herumlagen, lief ich rasch in mein stinkiges Zimmer und zog mich warm an. Sollte ich noch den Rucksack packen? Nun, ich besaß ja einen Hausschlüssel und konnte jederzeit holen, was ich brauchte. Im Augenblick war eine schnelle Flucht wichtiger.

Doch Josch sah stirnrunzelnd auf seine Apple Watch. »Es ist jetzt halb drei«, meinte er. »Ich werde erst um fünf Uhr im Restaurant erwartet. Für den Fall, dass man uns immer noch nicht reinlässt, sollten wir uns warm anziehen. Darf ich den Pullover heute noch behalten?«

»Du kannst auch seinen Parka nehmen«, versprach ich. »Mein Dad hat mehrere Mäntel …«

Kurz darauf waren wir unterwegs, und ich musste Josch erklären, warum mein Papa zu einer so ungewöhnlichen Stunde nach Hause gekommen war.

»Starke Schmerzen?«, fragte Josch. »Das tut mir jetzt echt leid. Hat er etwa Migräne? Oder was kann es sonst sein? Am Ende gar ein Herzinfarkt?«

Jetzt wurde mir ganz anders. Ich sah meinen armen Daddy tot vor seinem zerwühlten Bett liegen, weil wir uns einen Dreck um seine Rettung gekümmert hatten. Immerhin kam meine Mutter bald nach Hause und wüsste bestimmt, was zu tun war. Aber dann fiel mir noch etwas Schlimmeres ein.

»Kann es sein, dass er Schmerzen hatte, aber vor Schreck jetzt auch noch einen Schlaganfall gekriegt hat?«

»Quatsch«, sagte Josch. »Ein Schlaganfall entsteht durch ein verstopftes Blutgefäß. Wahrscheinlich ist es bloß eine Grippe. Don't panic!«

Als wir klingelten, machte Nicole zum Glück gleich die Tür auf.

»Du bist viel zu früh! Es ist noch längst nicht fünf«, sagte sie kühl. »Und Lucy braucht überhaupt nicht mehr zu kommen. Irma ist einfach nur stocksauer.«

Josch legte ihr beschwichtigend die Hand auf den Arm.

»Wir bleiben auf jeden Fall bis fünf Uhr oben in meiner Wohnung, das könnt ihr mir schließlich nicht verbieten. Außerdem brauche ich mein Handy und den Laptop, die liegen im Restaurant …«

Neugierig betrat ich Joschs kleine Mansardenwohnung. Obwohl es heller Tag war, knipste er eine marokkanische Glaslaterne an, die das Wohnzimmer in goldenes Licht tauchte. Es fiel mir sofort auf, dass es hier keine verlotterten Schmutzecken gab, sondern alles fast so ordentlich aussah wie bei meinen Alten. Allerdings bunter und kein bisschen stuffy, an den schrägen Wänden klebten toll viel Souvenirs aus fernen Ländern, zum Beispiel ein gesticktes Nashorn aus Afrika neben einer riesigen Weltkarte. Oder ein großes Evil Eye, also ein Teufelsauge, das vor dem bösen Blick schützen soll. Josch bezeichnet sich zu Recht als Individualist, der mit dem Mainstream nichts anfangen kann. Genau wie ich.

Gern hätte ich auch das Schlafzimmer besichtigt, hielt es aber für taktlos, einfach hineinzugehen. Die Lust auf ein gemeinsames Liebeslager war mir im Augenblick sowieso etwas vergangen. Irgendwie war es nach der Szene im Elternschlafzimmer zum Cut gekommen. Auch Josch war einsilbig und schien verunsichert, er machte sich bestimmt Gedanken über Irmas plötzliche Aggression. Immerhin fragte er höflich, ob ich eine Zigarette wolle.

Als mein Handy klingelte, war es leider meine Mutter. Eigentlich hatte ich null Bock, mir ihre Strafpredigt anzuhören, aber andererseits konnte es ja sein, dass mein armer Dad im Sterben lag.

»Komm sofort nach Hause!«, befahl sie mit eisiger Stimme. »Deinen kranken Vater hast du schwer traumatisiert, und deine Chefin hat mich informiert, dass sie dich nie wieder sehen will.«

»Wie geht es Dad?«

»Miserabel. Du solltest dich auf der Stelle bei ihm entschuldigen, ehe es zu spät ist!«

Und damit legte sie auf. Ich zog meine warme Jacke an, und Josch übergab mir den blauen Kaschmirpullover und den Parka.

## 21
# Irmas Rache

Meine Freundin Nicole hat mir ins Gewissen geredet. Ich weiß, dass sie es gut mit mir meint und mich beschützen will. Sie kennt mich schon sehr lange und weiß, dass ich gelegentlich überreagiere.

»Was hast du davon, wenn du Josch rausschmeißt?«, fragte sie. »Letzten Endes schadest du dir einfach nur selbst.«

Wo sie recht hat, hat sie recht. Leider kann und will ich nicht auf Josch verzichten, aber er hat mich sehr verletzt, und ich habe das starke Bedürfnis, es ihm heimzuzahlen.

Selbst Nicole weiß es nicht, aber insgeheim muss ich zugeben, dass ich Josch gern geheiratet und zwei Kinder bekommen hätte. Wenn er jemals auch nur angedeutet hätte, dass er sich eine kleine Familie ebenfalls vorstellen könnte, dann wäre unser Sexleben völlig anders ausgefallen. Unser Größenunterschied hätte dann wohl keine nennenswerte

Rolle gespielt. Natürlich habe ich immer geahnt, dass seine Ausflüge nach Frankfurt nicht bloß im Zoo endeten. Auch wenn es mich gewurmt hat, so habe ich es doch nicht als persönliche Kränkung empfunden. Mein schlimmster Albtraum wäre allerdings, wenn Josch sich in eine große schlanke Frau verlieben würde – mit anschließender Hochzeit, Kindersegen und Umzug in ein hübsches Häuschen. Für mich ist dieser Zug wahrscheinlich längst abgefahren, denn eine Schwangerschaft wird in meinem Alter von Tag zu Tag unwahrscheinlicher.

Doch ich empfinde es als respektlos, empörend und unverschämt, dass Josch sich vor meiner Nase dieses verdorbene kleine Luder für seine Triebbefriedigung ausgesucht hat. Und von Lucy ist es ebenfalls dreist und geschmacklos, sich am Arbeitsplatz den nächstbesten Mann zu angeln. Obendrein ist es undankbar, denn ich habe sie hier eingestellt, um ihr eine Chance zu geben. Über ihre kleinen Frechheiten habe ich großzügig hinweggesehen.

Natürlich habe ich sofort ihre Mutter angerufen und sie über ihre Tochter aufgeklärt. Dieses durch und durch verdorbene Flittchen dürfe sich nie wieder in meiner Küche blicken lassen! Die arme Frau hat beinahe geweint, meinte aber auch, dass sie mit dem eigenwilligen Temperament ihres Sprösslings von Anfang an nicht zurechtkam und schon mehrmals bei einer Erziehungsberatungsstelle Hilfe gesucht habe. Im Übrigen hätten sie und ihr Mann gehofft, dass Lucy durch körperliche Arbeit wieder Lust auf den Schulbesuch bekäme. Leider sei aber das Gegenteil der Fall gewesen.

Auch wenn ich ihm kurzfristig aus dem Weg gehen kann, wird es sich nicht vermeiden lassen, dass Josch mich demnächst zur Rede stellt. Ich weiß genau, wie er argumentieren wird: Es gehe mich überhaupt nichts an, mit wem er seine Nächte verbringe. Es sei zudem eine kindische und gemeine Maßnahme, ihn bei kühlen Temperaturen einfach auszusperren. Und meine Eifersucht sei einfach nur lächerlich, weil wir schließlich schon lange kein Liebespaar mehr, sondern Freunde und Geschäftspartner seien.

Doch wie würde er wohl reagieren, wenn ich den Spieß umkehrte und meinerseits einen Lover hätte? Mit Sicherheit würde er mir das nicht zutrauen, und eigentlich hatte sich außer dem Blumen-Fred auch seit Ewigkeiten kein Kandidat bei mir beworben. Doch – einer allerdings schon! Herr Dr. Vinzent Soloth!

Als ich mich an die Liebeserklärung des Gemüsemanns erinnerte, kam mir eine geniale Idee, denn die Hochzeit mit einem feinen Herrn würde Josch überhaupt nicht schmecken. Nach meiner bisherigen Recherche entfiele zwar die Aussicht auf eine Witwenrente – es sei denn, der alte Mann bliebe noch eine Weile am Leben und ich würde bis zum letzten Atemzug an seiner Seite ausharren. Aber der materielle Gesichtspunkt war jetzt nebensächlich, ich wollte mit einer Heirat ja vor allem den treulosen Josch demütigen. Der neue Partner an meiner Seite, den Josch nie ernst genommen hatte, würde nun sein Vorgesetzter werden.

Kurz nachdem mir Nicole signalisiert hatte, dass Josch mitsamt seinem Flittchen wieder oben in seiner Wohnung gelandet war, beobachtete sie etwas später, dass Lucy im Eilschritt das Haus verließ. Offensichtlich hatte ihre Mutter in meinem Sinn gespurt.

Nicole erwies sich auch weiterhin als zuverlässige Komplizin. Sie verhinderte, dass Josch mir unter die Augen trat und ich ihm dieselben auskratzte. Sie sorgte auch dafür, dass der abendliche Betrieb fast so lief wie gewohnt. Josch bediente im Restaurant, Nicole schob den beladenen Servierwagen aus der Küche in die Diele, wo er übernahm. Und eine kurzfristig angeforderte Aushilfe ersetzte Lucy.

Als ich am Abend mit meiner Arbeit fertig war und nach oben in meine Wohnung ging, beschloss ich tollkühn, den Gemüsemann beim Wort zu nehmen und mich für diese Nacht bei ihm einzuquartieren. Dort wollte ich ihm dann auch das Jawort geben, wobei ich bei diesem Ausdruck wie ein Teenager kichern musste. Also stopfte ich rasch mein Nachthemd und den Kulturbeutel in eine Plastiktüte und kam mir vor wie ein freches Kind auf Abenteuerreise. Obwohl das Haus von Dr. Soloth ganz in der Nähe lag, nahm ich den Wagen. Und zwar nur, damit Josch nicht zu später Stunde zu Lucy fahren konnte.

Anscheinend hatte mich mein Bräutigam durchaus erwartet. Mit glücklichem Lächeln öffnete er sofort die Haustür, führte mich die Treppe hinauf in den ersten Stock und zeigte mir das Gästezimmer mit einem frisch bezogenen Bett.

»Möchten Sie noch ein Gläschen Wein mit mir trinken, verehrte Irma?«, fragte er höflich.

»Eigentlich sagen wir doch jetzt Du, lieber Vinzent. Ja, ich trinke gern noch einen Absacker mit Ihnen, vielmehr mit dir …«

Etwas befangen saß ich schließlich mit meinem Freier im Wohnzimmer und stieß mit ihm an. Der Wein hatte einmal bessere Tage gesehen und schmeckte nach Essig. Wie konnte ich jetzt das

Thema Heirat erneut zur Sprache bringen? Und überhaupt, was erwartete er eigentlich von mir? Auf keinen Fall wollte ich das inzwischen gut laufende Restaurant wieder aufgeben und hauptberuflich Gattin spielen. Wahrscheinlich hoffte der alte Herr nämlich, dass er nicht wie bisher den größten Teil des Tages allein in seinem Haus verbringen musste.

Doch auf einmal begann er von sich aus zu sprechen: »Liebe Irma, ich habe eine gute Nachricht für dich! Du brauchst nicht mehr so zu brüllen, denn ich habe mir heute ein Hörgerät zugelegt. Unter diesen Umständen ist eine Unterhaltung mit mir bestimmt nicht mehr so anstrengend für dich und meine Mitmenschen. Und deshalb frage ich noch einmal in aller Bescheidenheit, ob du dir eine Heirat vielleicht doch vorstellen könntest.«

Mir kamen plötzlich die Tränen. Nach dem ganzen Ärger und der Wut, die sich angestaut hatten, war dieser Ausbruch wohl ein Ventil für meine widersprüchlichen Emotionen. Ich empfand sowohl Scham, dass ich den Alten für meine persönliche Rache einsetzen wollte, als auch Rührung über seine altmodische Ritterlichkeit und verschämte Zuneigung. Ich ergriff seine Hand und hauchte wie die Braut in einem Kitschfilm: »Ja, ich will!«

Der alte Mann strahlte, führte meine Hand an seine Lippen und berührte sie dezent. Eine Weile konnte er wohl nichts sagen, aber dann meinte er: »Danke, Irma, du machst mich sehr glücklich! Ich weiß natürlich, dass ich ein altes Wrack bin, das mehr und mehr zu einer Belastung werden könnte. Ich erwarte von dir aber nur ein wenig Freundlichkcit und Gesellschaft, mehr nicht. Es soll bestimmt nicht zu deinem Schaden sein.«

Doch plötzlich schoss mir durch den Kopf, dass er meine Gesellschaft und Freundlichkeit wahrscheinlich auch in einem gemeinsamen Bett erwartete! Wie konnte ich mich verweigern, ohne ihn zu verletzen? Für solche Fälle musste bereits im Vorfeld Klarheit herrschen. Geistesgegenwärtig behauptete ich: »Leider muss ich gestehen, dass ich schnarche. Ich hoffe, dass mein Schlafzimmer weit genug von deinem entfernt ist, damit ich dich nicht um deinen Schlaf bringe.«

»Keine Sorge! Nachts ziehe ich das Hörgerät aus«, sagte er lächelnd.

Plötzlich war ich todmüde und hatte weder Lust auf einen weiteren schlechten Schlummertrunk noch auf Heirats- und Rachepläne. Ich stand auf, der Gemüsemann ebenfalls.

»Ich wünsche eine erholsame Nacht«, sagte er förmlich und fügte etwas zögerlich hinzu: »Aber wenn du mich nur heiraten willst, um diesen Kellner zu ärgern, dann kann ich auch darauf verzichten.«

Die Matratze war gut, die Decke war leicht und warm, die beiden Fenster öffneten sich zur Gartenseite, es war viel stiller als bei mir zu Hause. An der weißen Bettwäsche aus Leinen war nichts auszusetzen, auch wenn meine eigene etwas origineller aussah. Trotzdem schlief ich unruhig, wurde immer wieder wach und ärgerte mich über die Fliege an der Wand und über mich selbst. Immer wieder grübelte ich über Nebensächlichkeiten, ob sich mein Zukünftiger zum Beispiel eine kirchliche Hochzeit und mich in langem Brautkleid und Schleier wünschte.

Wie immer stand ich früh auf, duschte in einem kleinen Badezimmer, das offensichtlich nicht vom Hausherrn benutzt wurde, und wollte mich heimlich davonmachen. Aber ich hatte die Rechnung ohne den Wirt gemacht.

Im unteren Flur wurde ich abgefangen, der Kaffee war bereits fertig. Eigentlich frühstücke ich erst viel später, und dann gehen die erste und die zweite Mahlzeit oft nahtlos ineinander über. Auf dem Küchentisch standen bereits Tassen und Teller, ein Toaster, Butter und Orangenmarmelade sowie eine

Thermoskanne. Aus Höflichkeit ließ ich mich nieder, auch ein wenig gerührt, denn seit Ewigkeiten hatte ich mich selbst um meine Mahlzeiten kümmern müssen.

»Wie oft kommt deine Haushaltshilfe?«, fragte ich.

»Zweimal in der Woche«, sagte er. »Sie putzt, wäscht, bügelt, räumt auf und kauft auch manchmal für mich ein. Zum Rasenmähen kommt ein junger Mann. Du müsstest dich um diese Aufgaben bestimmt nicht kümmern. Es geht eher um etwas anderes ...«

Mein Gott, dachte ich, hoffentlich nicht doch um Sex! Leicht verunsichert sah ich ihn an.

»Ich war neulich bei meinem Rechtsberater. Unter anderem ging es um mein Testament. Du weißt ja, dass meine Angehörigen nicht in Deutschland leben. Wenn ich nicht mehr in der Lage sein sollte, wichtige Entscheidungen zu treffen, braucht meine Vertrauensperson – im Idealfall meine Gattin – eine Betreuungsverfügung und eine Vorsorgevollmacht. Abgesehen davon kannst du nur als Ehefrau Auskunft von meinen Ärzten erhalten.«

Das war eine Menge Verantwortung, die ich übernehmen sollte und die mich belasten könnte. Und was hatte ich davon? Als hätte er meine Bedenken erahnt, ging Vinzent ins Wohnzimmer hinüber und kramte in den Schubladen eines Schreibsekretärs. Triumphierend zog er ein Papier in Klarsichthülle heraus und legte es neben meinen Teller mit dem angebissenen Marmeladentoast.

Es war die Kopie eines Testaments, in dem er mich als Alleinerbin seines Hauses eingesetzt hatte. Als ich die handgeschriebenen Zeilen noch ein zweites Mal und sorgfältiger durchlas, ging mir schließlich auf, dass ich sogar ohne die geplante Hochzeit irgendwann ein schönes Einfamilienhaus besitzen würde.

22

# Josch und der Traum

Peinlichkeiten habe ich in meinem bisherigen Leben zwar schon oft ertragen müssen, aber die Szene in Lucys Elternschlafzimmer hat alles übertroffen. Ich habe mich in Grund und Boden geschämt, muss auch im Nachhinein zugeben, dass ich mich wie ein unreifer Abiturient benommen habe. Der Kick, mich wieder ganz jung und abenteuerlustig zu fühlen oder eine brenzlige Situation als Challenge zu betrachten, ist mir gründlich verleidet worden.

Dazu kam noch, dass Lucy anscheinend glaubte, ihr Papa liege durch unser rücksichtsloses Verhalten im Sterben. Mit Sicherheit hatte ihre Mutter finstere Andeutungen gemacht, wodurch das sensible Mädchen von Schuldgefühlen geplagt wurde und sofort nach Hause lief.

Wie kam ich aus dieser Sache nur glimpflich wieder heraus! Hier die wütende Irma, dort die unglückliche Lucy, dazwischen die schadenfrohe Nicole. Die drei Frauen würden mich noch unter die

Erde bringen! Am besten sollte ich das sinkende Schiff verlassen, ehe es zu spät war.

Auf der anderen Seite war ich mit meinem Job in diesem lustigen Restaurant mehr als zufrieden. Rein physisch gesehen war es zwar oft anstrengend, aber das verhalf mir wiederum zu einem gesunden Schlaf. Etwas Gleichwertiges war kaum zu finden. Hier bekam ich nur positive Rückmeldungen, war allgemein beliebt und sogar am Gewinn beteiligt, hatte Spaß, wohnte nahezu umsonst und brauchte mich nicht um meine Mahlzeiten zu kümmern, es sei denn, die Fleischeslust übermannte mich. Und genau die war mir in ihrem eigentlichen Sinn zum Verhängnis geworden.

Doch was brachte mir alles in allem die Liebschaft mit einem aufsässigen Teenager? Sicher, ein paar lustvolle Stunden, aber das war auf die Dauer keine Perspektive. Wie ich Irma kannte, würde sie mich bei einer Fortsetzung der Affäre endgültig vor die Tür setzen. Außerdem war Lucy noch ein halbes Kind, rebellierte aus Prinzip, war unsicher in ihren Zielen, Wünschen und Plänen. Auch in ihrem Geschmack. Über kurz oder lang würde sie sich in einen anderen verlieben. Sollte ich für ein paar wilde Nächte mein bequemes und gesichertes Leben aufgeben? Nein!, sagte mein Verstand. Sei ein ganzer Kerl und nutze deine Chancen!, sagte mein Testosteron.

Nach der ganzen Aufregung am Vormittag gab es am Abend viel zu tun, weil die flinke Lucy fehlte. Nicole verhinderte, dass ich mich in der Küche sehen ließ, denn eigentlich wollte ich von Irma eine sofortige und stichhaltige Begründung für ihre Gemeinheit verlangen. Hatte sie uns aus purer Eifersucht nicht wieder ins warme Haus gelassen oder steckte noch etwas anderes dahinter? Von wem hatte sie überhaupt erfahren, dass ich mit Lucy geschlafen hatte? Eigentlich konnte es nur die kleine Hexe selbst sein, die nicht dichthalten konnte.

Aber warum war Irma nicht bloß verärgert, sondern so tief gekränkt, dass sie mich am liebsten in die Wüste beziehungsweise in die Arktis geschickt hatte? Sie wusste doch genau, dass sie auf mich angewiesen war und es sich nicht völlig mit mir verscherzen durfte. Ratlos tigerte ich auf und ab und grübelte.

Und als ich mir vor dem Schlafengehen noch eine Zigarette genehmigte und den Rauch aus dem geöffneten Fenster blies, fiel mir sofort etwas auf: Unser hauseigener Parkplatz vor dem Restaurant war nicht besetzt. Hatte man den Firmenwagen mit dem auffälligen *Auberginen*-Logo etwa gestohlen?

Da es mir keine Ruhe ließ, ging ich noch einmal auf die Straße hinaus und sah mich um, aber erfolglos. War Irma, die immer todmüde um zehn ins Bett fiel, etwa so spät noch einmal fortgefahren?

Ich war besorgt und musste Gewissheit haben. Mit klopfendem Herzen drückte ich fast geräuschlos auf die Klinke ihrer Wohnungstür, die wie immer nicht abgeschlossen war. Auf Zehenspitzen schlich ich bis ins Schlafzimmer, wo die Rollläden nicht wie sonst heruntergelassen waren. Im trüben Schein einer Straßenlaterne entdeckte ich ein leeres Bett. Was hatte das zu bedeuten? Ich war beunruhigt.

Wie so oft hatte ich auch in jener Nacht den fast identischen Traum: Ich wandere auf einem breiten schattigen Waldweg, der rechts und links von hohen Buchen umgeben ist. Die Baumreihe verläuft schnurgerade und wird aus meiner Perspektive fortlaufend enger und kleiner. Am äußersten Horizont erscheint schemenhaft eine zarte, fast durchsichtige Frau mit wehenden blonden Haaren und winkt. Wenn ich wach werde, bin ich traurig, weil ich mich der Lichtgestalt zwar nähere, sie aber niemals mehr erreichen kann. Natürlich weiß ich, dass es sich um meine Mutter handelt und ich ein Verlusttrauma habe. Und mir ist klar, dass die winkende Frau gleichzeitig auch das Idealbild einer Lebensgefährtin ist, die – ich muss selbst ein wenig grinsen – natürlich blond sein sollte.

In unser Restaurant kommt häufig ein depressiver Psychologiestudent, der von mir den Spitznamen *Sigmund Leid* erhalten hat. Nicht ungern diskutiere ich mit diesem jungen Mann und lasse mich insbesondere über Traumdeutung informieren. Allerdings bin ich mir auch ohne den Möchtegernexperten über meinen klassischen Case im Klaren: Lucys rote Haare passen nicht zu meiner Wunschvorstellung, und wahrscheinlich werde ich die einzig Richtige niemals finden.

Doch wo war Irma geblieben? Hatte sie sich am Ende etwas angetan? Wegen ihrer grundlosen Eifersucht hatten wir schon so manchen Struggle. Leider musste sie sich immer wieder unnötig aufregen, wenn ich mit den Gästinnen ein wenig flirtete. Selbst wenn ich mich mit einer grauhaarigen Mutti keine fünf Minuten über die schlechten Schulnoten ihres Sohnes unterhielt, bekam ich bereits Ärger. *The Queen was not amused* und sah nicht ein, dass unser Lokal gerade wegen meines Charismas und meiner Empathie zum Magnet geworden war.

Seit Ewigkeiten waren Irma und ich gute Freunde, aber schon längst kein Paar mehr. Ob sie mich insgeheim doch noch inbrünstig liebte und sich eine Wiederaufnahme unserer sexuellen Beziehung wünschte? Vielleicht in anderer Form? Der oberschlaue Sigmund Leid hatte mich über den neuen Trend zum *Slow Sex* aufgeklärt, wobei es nicht um Schneckentempo, sondern um liebevolle Entspannung ohne den Druck einer Hochleistung geht. War es das, wonach sie sich sehnte? War ich zu spontan, zu schnell und zu ungestüm gewesen?

Doch wo konnte sie jetzt bloß sein? War es angebracht, Irma unverzüglich als vermisst zu melden? Oder sollte ich jetzt mitten in der Nacht auf die Suche gehen? Aber wo? Vielleicht fand man sie irgendwo bewusstlos und blutüberströmt mit durchgeschnittenen Pulsadern auf dem Rücksitz ihres Wagens! Oder wollte sie mich nur ärgern? Irgendwann lag ich dann doch im Bett und träumte wieder von meiner Lichtgestalt, die allerdings diesmal nicht mit zarter Hand, sondern mit einer Dressurpeitsche winkte.

Am nächsten Morgen wurde ich viel zu früh von einem Anruf geweckt. Lucy plapperte aufgeregt und für ihre Verhältnisse betont leise. Ich erfuhr, dass ihr Vater an Gürtelrose erkrankt sei. Daran sei ihre Urgroßmutter angeblich sogar gestorben. Heute sei eine Infektion zwar schmerzhaft, aber zum Glück nicht lebensgefährlich. Doch sie habe trotzdem ein irre schlechtes Gewissen, weil sie den Papa wohl deeply verletzt habe. Sein elender Zustand sei echt touching, meinte sie. Und es sei außerdem jammerschade, dass sie nicht mehr im Restaurant arbeiten dürfe.

»Was wird aus uns?«, fragte sie ängstlich. Ich konnte es auch nicht sagen, denn ich war genauso verunsichert wie sie.

Irma und der Firmenwagen waren um neun Uhr morgens immer noch nicht aufgetaucht. Mit schlechtem Gewissen begab ich mich zum zweiten Mal in Irmas Wohnung. Das Bett war offensichtlich nicht benutzt worden, aber das Nachthemd fehlte, ebenso die Zahnbürste. Diese Tatsache beruhigte mich ein wenig, denn zum Sterben hätte sie keine Kulturtasche mitgenommen. Oder waren die Indizien bloß fake, um mich auf eine falsche Spur zu bringen? Ihre beste und wohl auch einzige Freundin war Nicole, vielleicht war Irma ausnahmsweise mal bei ihr untergekrochen. Diese plausible und immerhin tröstliche Möglichkeit stellte sich aber etwas später als falsch heraus. Nicole traf nämlich bald darauf ein und war ebenso fassungslos wie ich.

Als wir plötzlich das vertraute Geräusch des Firmenwagens hörten, rannten wir erleichtert ins Restaurant, um aus einem der vorderen Fenster auf die Straße zu schauen.

»Na also, einfach alles wieder tippitoppi!«, stellte Nicole zufrieden fest. Tatsächlich hielt das Auto am angestammten Platz, Irma stieg aus, eine weitere Person an ihrer Seite brauchte etwas länger. Sekunden später konnten wir es allerdings kaum fassen, denn der Beifahrer war kein anderer als unser Gemüsemann! Mir verschlug es erst einmal die Sprache, aber Nicole musste sich lautstark Luft machen.

»Das kann doch wohl nicht wahr sein! Dann hat sie die ganze Nacht mit diesem Wrack verbracht! Igitt, wie eklig! Ich kann einfach gar nicht so viel fressen, wie ich kotzen möchte!«

Nicole drückte sich nicht immer wie eine feine Dame aus. Aber auch mir kamen unschöne Vergleiche in den Sinn, der Ausdruck *Slow Sex* erhielt nun eine andere Bedeutung. Jetzt galt es jedoch, einen kühlen Kopf zu bewahren.

»Am besten bleibe ich unsichtbar, setze mich hier im Restaurant in eine Ecke und trinke wie immer einen Espresso. Und dir rate ich, nicht gleich mit der Tür ins Haus zu fallen und Irma anzugiften. Tu lieber so, als sei alles wie immer!«

»Hast ja recht, ist einfach besser so«, sagte Nicole, die alles in allem eine praktische Person war –

mit geringem, aber dafür gesundem Menschenverstand. Und dann verließ sie mich, um Lucys Pflichten zu übernehmen und zuerst einmal die Spülmaschinen auszuräumen.

Ich hatte noch nicht mal die wichtigsten Schlagzeilen der Zeitung überflogen, als Nicole wie ein aufgescheuchtes Huhn zu mir ins Restaurant flatterte. Ich sah ihr sofort an, dass sie vor Empörung fast platzte.

»Ich kann es einfach nicht glauben!«, sprudelte sie hervor. »Irma will ihn heiraten! Die beiden sitzen jetzt einfach vor einem Haufen Lauch und Rüben und halten Händchen!«

Mir fiel zum Glück nur das Feuerzeug und nicht die Tasse aus der Hand. Eigentlich durfte hier nicht geraucht werden, aber heute hatte ich eine Ausnahme verdient.

»Red keinen Stuss«, sagte ich unwillig, aber ich ahnte bereits, dass es stimmte.

Nicole schnappte erneut nach Luft. »Und das ist noch längst nicht alles! Der alte Knacker kann plötzlich wieder hören! Das beweist doch wieder mal, dass Sex gesund macht!«

Dabei schielte sie mich so begehrlich an, dass ich tatsächlich rot wurde. Ich versuchte, mich mit einem Joke aus der Schusslinie zu retten.

»Wunderheilungen gibt es nur in Lourdes, nach deiner Theorie müsste es dort von Sextouristen nur so wimmeln.«

»Blödmann!«, sagte Nicole, die sich wohl auf den Arm genommen fühlte. »Josch, du bist manchmal einfach nur beknackt.« Und damit verschwand sie wieder in der Küche.

23

# Der Verlobte

A la longue werde ich jetzt für einen anderen Ton in Irmas Küche sorgen. Alle sollen wissen, dass ich hören kann und selbst verschlüsselte Andeutungen nicht nur akustisch verstehe. Zum Beispiel sprach dieser aalglatte Josch neulich von einer *Inklusionswerkstatt* und meinte damit sicherlich meinen Arbeitsplatz. Ein andermal war von *Gammelfleisch* die Rede, und da wir ja ein vegetarisches Restaurant sind, konnte sich dieser gemeine Ausdruck nur auf mich beziehen. Da Irma nicht duldet, dass man schlecht über mich spricht, lässt sich Josch immer neue Alias einfallen, wenn er mit anderen über mich lästert, tierische Bezeichnungen wie *Lama, Blindschleiche, Silberrücken* und *Problembär* gehören auch dazu. Selbst die junge Lucy hatte Witze gemacht, die sich auf meinen bald zu erwartenden Tod beziehen. Mit einem scheelen Seitenblick auf mich erntete sie Beifall für einen überaus dämlichen Kalauer: *Veganer werden nicht beerdigt, sie werden kompostiert.* Daraufhin drückte

Nicole ihre Begeisterung in vermeintlichem Englisch aus: »I laugh me dead!«

Nicht nur deswegen werde ich gegen den Niedergang und das Martyrium der deutschen Sprache entschlossen vorgehen. Gerade Nicole, die doch des Englischen im Grunde gar nicht mächtig ist, beleidigt mein Stilgefühl mit Ausrufen wie: »Einfach easy peasy!« Ich musste die Zähne zusammenbeißen, um nicht laut aufzustöhnen. Und das Schlimmste ist, dass ich gelegentlich angesteckt werde und raubfischartig *Hai* oder *Hey* statt *Guten Tag* sage. Manchmal ertappe ich mich sogar bei dem Wunsch, auf mein Hörgerät doch lieber zu verzichten.

Und auch bei der populären, aber leider abscheulichen Musik möchte ich andere Saiten aufziehen. Dabei kann ich noch von Glück reden, dass das Gejaule mit wummernden Bässen nicht andauernd dröhnt, weil Irma beim konzentrierten Arbeiten keine Ablenkung duldet. Allerdings wurde sie gelegentlich überstimmt, weil sich zum Beispiel alle anderen völlig unverfroren für eine grauenhafte Veranstaltung namens European Song Contest starkmachten. Bei Irma ist also zum Glück nicht Hopfen und Malz verloren wie zum Beispiel bei Nicole. Um eine Alternative anzubieten, habe ich mir überlegt, ob ich mich nicht wieder an meinen Flügel setzen soll, es müsste ja nicht gleich Beethovens *Hammerklaviersonate* sein. Anfängerstücke wie *Für Elise* oder *Der fröhliche Landmann* kriege ich sicher noch hin, könnte Irma am Feierabend damit ergötzen und ihren Horizont mit erbaulichen Klängen nach und nach erweitern. Denn gut Ding will Weile haben.

Nicole staunte wohl Bauklötze, als Irma ihr brühwarm von unserer geplanten Hochzeit erzählte. Ich nehme an, dass sie stante pede zu diesem eingebildeten Kellner lief, um ihm die sensationelle Neuigkeit mitzuteilen. Nur mühsam konnte ich mir ein triumphierendes Grinsen verkneifen, als ich mir sein verdutztes Gesicht vorstellte. Allerdings muss ich mir noch überlegen, wie ich mich – abgesehen vom Gemüseschneiden – auch anderweitig nützlich machen kann, wobei ich leider keine Qualifikation als Restaurantleiter oder auch nur blasse Ahnung von Management und Marketing habe. Aber ich möchte diesen eingebildeten Affen vom Thron stoßen oder passender ausgedrückt: ihm den Ast absägen.

In einem Punkt hat mir mein Augenstern leider nicht die Wahrheit gesagt. Irma behauptet nämlich, das junge Mädchen habe freiwillig gekündigt, aber ich glaube ihr nicht. Unser kleiner Wildfang ist in

Josch verschossen und ihm hörig, das ist klar wie Kloßbrühe. Nie hätte Lucy aus freien Stücken ihren angehimmelten Casanova verlassen. Ein wenig vermisse ich die rote Hexe, denn nun muss ich mich an wechselnde Aushilfen gewöhnen, die überdies oft gebrochen Deutsch sprechen. Außerdem ist Lucy zwar ein frühreifes Nymphchen, aber bestimmt nicht dumm und alles andere als saumselig. Wenn ich es mir recht überlege, ist Irma wohl eifersüchtig auf das junge Blut. Da sie ihre Missgunst aber nicht direkt zugeben möchte, hat sie die Rivalin wegen irgendeiner Bagatelle entlassen. Das ist leider keine besonders großherzige Tat, doch wir sind schließlich alle keine Engel. Irma hat ein Herz für einen alten lahmen Knochen wie mich – das sollte mir genügen und mich frohgemut stimmen. Deswegen habe ich mir auch vorgenommen, meine diversen Zipperlein hintanzusetzen und meine Mundwinkel ganz bewusst nicht immer nur nach unten hängen zu lassen. Lächeln verjüngt, das bin ich meiner Verlobten schließlich schuldig.

Mit meinem Feind, dem gleisnerischen Kellner, scheint Irma im Augenblick auf Kriegsfuß zu stehen, denn er lässt sich nicht mehr alle naslang in der Küche blicken. Ich bin zwar froh, dass ich mir sein Geschwätz nicht dauernd anhören muss oder von seiner penetranten Knoblauchfahne belästigt werde, aber ich sollte auf der Hut sein. Josch hat nämlich großen Einfluss auf Irma. Falls er momentan in Ungnade gefallen ist, so wird es einen triftigen Grund dafür geben. Als ich noch darüber nachdenke, fällt es mir wie Schuppen von den Augen: Josch und Lucy haben sich als Liebesleute zu erkennen gegeben. Heute würde man sagen: Sie haben sich geoutet, ein peinlicher Ausdruck, den ich ebenfalls liquidieren möchte.

Vage erinnere ich mich, dass ich bei meiner ersten Hochzeit das sogenannte Aufgebot beim Standesamt bestellen musste, während heutzutage bloß ein Termin festgelegt wird. Vielleicht sollten wir diesen Schritt sofort in die Wege leiten. Als lebenserfahrene Frau wird Irma einsehen, dass man in meinem Alter keine langfristigen Pläne machen, sondern Entschlüsse möglichst rasch in die Tat umsetzen sollte. Ob wir auf Trauzeugen und das übliche Brimborium lieber verzichten, müssen wir allerdings noch klären.

Reichlich spät kamen mir meine Söhne in den Sinn. Was würden sie dazu sagen, wenn ich ihre geliebte Mutter durch eine Köchin ersetzte, die vom Alter her meine Tochter sein könnte? Seit meine Jungs in einem anderen Erdteil leben, ausländische Frauen geheiratet haben und meine Enkelkinder

Deutsch angeblich verstehen, aber nur mühsam wenige Worte sprechen, ist mir mein eigenes Fleisch und Blut fremd geworden. Seit fünf Jahren haben beide Familien die Vereinigten Staaten nicht mehr verlassen, inzwischen sind ihre Kinder wohl fast in Lucys Alter und sprechen ein Idiom, das mit der Sprache Shakespeares nichts mehr gemein hat. Soll ich ihnen mein Vorhaben überhaupt mitteilen? Möglicherweise würden sie dann tatsächlich anreisen, und ich bekäme uralte Vorwürfe zu hören. Wenn etwas im Leben nicht rundgelaufen ist, sind bekanntlich immer andere daran schuld. War ich ein schlechter Vater? Zu altbacken, stur und zu konservativ? Hatte ich mich für ihre seltsamen Berufe im IT-Sektor zu wenig interessiert? Oder könnte es sein, dass ich bei ihrem letzten Besuch allzu heftig auf die Amis gewettert habe? Ich weiß es nicht.

Auch ein anderes Problem bereitet mir Kopfzerbrechen. Wie werden wir unseren ehelichen Alltag gestalten? Es ist mir klar, dass Irma ihren Beruf nicht aufgeben wird und bestimmt nicht bloß für ihren Ehemann kochen möchte. Sie ist fast den ganzen Tag auf den Beinen und hat wenig Freizeit. Wenn bei anderen Familien am Feierabend der gemütliche Teil des Tages beginnt, geht es bei Irma erst richtig zur Sache. Oft fährt sie schon sehr früh auf den Großmarkt, danach braucht sie fast den gesamten Tag für die Vorbereitung der Standardgerichte. Ab achtzehn Uhr kommen hungrige Gäste, und die Küche schließt erst nach vielen Stunden. Wenn Irma spät zu mir nach Hause kommt, ist sie sicherlich todmüde. Es ist zwar abgemacht, dass wir getrennte Schlafzimmer haben, aber von einem geruhsamen Stündchen mit Klaviermusik oder Fernsehen wird selten die Rede sein. Gerade am Wochenende, wenn andere Paare die Zweisamkeit genießen, ist im Restaurant Hochbetrieb. Uns bleibt eigentlich nur der freie Montag für Nähe und Erholung. Vielleicht müsste ich flexibler werden und nicht wie in meiner ersten Ehe die Abendstunden in den Fokus rücken, sondern den Morgen mit einem ausgedehnten gemeinsamen Frühstück. Doch ich sollte bescheiden bleiben und dankbar sein, ja geradezu frohlocken, dass ich nachts nicht mehr allein im Haus sein muss. In einer guten Ehe darf man nicht immer nur Ansprüche stellen, sondern muss sich auch selbst hinterfragen und das eine oder andere Opfer bringen. Und bei einer viel jüngeren Frau sollte ein alter Mann seine egoistischen Ansprüche auf ein Minimum beschränken.

Schon wenige Tage nach Irmas Jawort hatte ich uns beim Standesamt angemeldet, um ein besonders einprägsames Datum für unsere baldige Heirat festzulegen. Obwohl es kein Problem bei den notwendigen Dokumenten gab, bot man uns erst einen Termin in sechs Monaten an, was in meinen Augen eine Unverschämtheit war. Irma schien allerdings nicht weiter verärgert zu sein, denn sie hatte es wohl nicht ganz so eilig wie ich. Auf meinen Protest hin war die Angestellte immerhin gnädig genug, uns auf eine Dringlichkeitsliste zu setzen. Falls es die Absage eines anderen Paares gäbe, würden wir nachrücken.

Vielleicht wäre Irma bereit, auch jetzt schon die Nächte in meinem Haus zu verbringen. Ungern gebe ich zu, wie furchtsam ich geworden bin. Seit Langem schaue ich mir wie gebannt und mit einer gewissen Angstlust eine Sendung im Fernsehen an, bei der die Bevölkerung um Mithilfe bei der Aufklärung eines Verbrechens aufgefordert wird. Immer wieder muss ich mitansehen, wie alte Menschen überfallen, gefesselt und geknebelt und dann aufs Schändlichste beraubt werden. Meistens werden sie auch noch gefoltert, damit sie das Geheimfach oder die Nummer des Safes verraten. Für diesen Fall habe ich bereits eine angemessene Summe in meinem Bücherschrank deponiert, genau genommen in Sartres *Die ehrbare Dirne*. Ich habe die

Hoffnung, dass sich die Banditen mit ein paar Hundert Euro zufriedengeben und verschwinden würden. Aber die Wahrheit sieht leider anders aus. Zusammengeschnürt wie ein Paket werden die überfallenen Greise mit einem Knebel im Mund zurückgelassen. Der Tod durch Ersticken ist langsam und qualvoll.

Wenn ich spät am Abend erschöpft im Bett liege, nehme ich meine kleinen Hörhilfen heraus und lege sie zum Aufladen in eine Box. Da ich auf der Seite zu schlafen pflege, würden mich die Geräte nämlich stören. Falls sich aber jetzt ein Einbrecher an der Tür oder den Fenstern zu schaffen machen würde, könnte ich es nicht hören und den Notruf nicht alarmieren. Und weil ich immer ängstlicher geworden bin, träume ich oft von Überfällen, werde wach, setze die Hörgeräte wieder ein und lausche auf jedes Geräusch. Es ist seltsam, dass sogar die Heizung, die Standuhr, der Kühlschrank oder der Regen für verdächtige Töne sorgen.

Wie wunderbar wäre es, wenn Irma, die gut hört und sowieso eine unerschrockene und physisch kerngesunde Person ist, mich beschützen würde! Selig wie ein satter Säugling könnte ich endlich wieder ruhig schlafen und von meiner verstorbenen Frau, vom Paradies und von goldenen Apfelbäumen träumen.

## 24
## Lucy oder Trotzköpfchens Einsicht

Es war echt ein Mistake, dass ich besonders tricky sein wollte und Nicole informierte. Genau wie ich es wollte, hat sie ihrer Besti sofort gesteckt, dass Josch und ich jetzt zusammen sind. Ich war der Meinung, dass Irma nichts gegen unsere Beziehung einwenden kann und man ruhig reinen Tisch machen soll. Josch war voll dagegen und hatte leider mega recht, denn man hat uns daraufhin beide vor die Tür gesetzt. *Now we have the salad,* würde Nicole sagen. Josch fand es schon immer lustig, ihr ein paar deutsche Ausdrücke in falschem Englisch beizubringen. Sie hat noch nie gecheckt, wenn er sie verarschte.

Ich mochte Irma immer ganz gern, aber jetzt geht sie mir total auf die Eierstöcke. Vor allem finde ich es unterirdisch, dass sie mich bei meinen Eltern schlechtgemacht hat. Jetzt kriege ich von allen Seiten Beef, auch Josch reagiert nicht gerade wie ein softer Boyfriend. Mein Traum wäre es, wenn wir gemeinsam abhauen würden, um in einem fernen Land neu zu starten. Aber vielleicht ist er schon zu alt für ein spannendes Abenteuer.

Leider bin ich nicht allein zu Hause, denn mein Vater ist krankgeschrieben, und meine Mutter arbeitet sowieso nur stundenweise. Deswegen muss ich tägliche Realtalks über mich ergehen lassen. Fairerweise muss ich meinen Alten einen Karmapunkt geben, weil sie nicht mehr über die Schlafzimmerszene sprechen. Wahrscheinlich war es für sie ein absoluter Worst Case, und es ist ihnen selbst irre peinlich. Meine Erzeugerfraktion versucht jetzt, ihre Vorstellungen mittels Hirnwäsche durchzusetzen, sie pushen mich abwechselnd. Ich sehe auch ein, dass eine Ausbildung nicht unbedingt verkehrt ist, denn ich will ja nicht als rosarote Prinzessin von einem Königssohn auf den Thron gehievt werden und auf ewig Happy Hour machen. Viele Mädels, die ich kenne, wollen Influencerin werden, aber das ist fast so infantil wie Tierärztin, Model oder Popstar. Luisa meint tatsächlich, sie würde mal Karriere als Rapperin beziehungsweise als Hip-Hopperin machen. Ich habe keine Rosinen im Kopf, könnte vielleicht mit einer Lehre anfangen, etwa als Köchin oder Kellnerin. Allerdings weiß ich, dass die Arbeit in einer Großküche kein Ponyhof ist und nicht jede

Chefin – wie Irma – darauf besteht, dass die Trinkgelder gerecht verteilt werden. Übrigens hat Josch die Erfahrung gemacht, dass reiche Leute besonders knappe Tips geben.

Meine Mutter war mit neunzehn Jahren als Au-pair in Rom, hat Italienisch gelernt und schwärmt immer noch von dieser Zeit; einen Auslandsaufenthalt in einer super krassen Großstadt könnte ich mir sogar vorstellen. Am liebsten würde ich allerdings Bühnenschauspielerin werden, die Rolle des Gretchens in Goethes *Faust* wäre mir auf den Leib geschrieben. Eigentlich hatte ich erwartet, dass meine Eltern diesen Berufswunsch völlig hirnrissig fänden, aber sie sagten erst einmal nichts. Vielleicht sind sie schon froh, dass ich nicht Callgirl oder Dealerin werden will. Obwohl beides bestimmt nicht langweilig ist, wäre meine Mathebehinderung bei diesen Jobs wohl kontraproduktiv.

Um mich bei meinen Eltern einzuschleimen, saß ich schon zweimal abends neben ihnen auf dem Sofa, glotzte eine Doku über das Dritte Reich und snackte Dickmacher, leider ziemlich yummy. Mein wehleidiger Dad stöhnt zwar über seine Schmerzen, aber er liegt nicht etwa im Bett, sondern sitzt meistens am Laptop. Ich habe den Verdacht, dass seine Recherchen mit mir zu tun haben, denn er klappt den Deckel zu, wenn ich komme.

Alle zwei Stunden versuche ich, Josch zu erreichen, aber er nimmt meistens nicht ab. Als ich ihm meine Idee vom gemeinsamen Auswandern unterjubeln wollte, winkte er gleich ab. »Und wovon sollen wir leben?«, fragte er. »Hier kann ich richtig gut Asche machen. Aber woanders? Bildest du dir etwa ein, deine Eltern überweisen uns monatlich zwanzig Hunnis?« – »Wir finden überall Arbeit«, sagte ich, aber er meinte, ich solle mich lieber um einen soliden Ausbildungsplatz kümmern. Fast laberte er schon wie meine Alten, aber so what! Ich werde deswegen nicht gleich heulen, auch wenn es wehtut.

Aus purer Langweile habe ich mit Moritz aus meiner früheren Community neue Connections aufbauen wollen, er zeigte sich aber nicht gerade begeistert.

»Aha, Prinzessin Kichererbse geruht, sich mal wieder zu melden«, spottete er. Seine Worte trafen mich nicht besonders hart, aber dann kam es doch noch zum Supergau. Moritz sagte wortwörtlich, dass sich meine frühere Freundin Nele in eine super geile Bitch verwandelt habe und er rattenscharf auf sie sei. »Das ist wohl die einzige Sprache, die du verstehst«, sagte er. Das saß. Fuck! Mit diesen Arschgeigen will ich nichts mehr zu tun haben! Ich kann nur hoffen, dass ihre Beziehung bald kacke ist.

Im Grunde war es gut, dass ich sitzengeblieben und abgegangen bin, sonst müsste ich ihre Zungenküsse auf dem Pausenhof täglich mitansehen. Ich glaubte hundertpro, Moritz würde mich immer noch lieben, schließlich hatte er in mein Album geschrieben: *True love is difficult to forget.*

Als ich noch überlegte, wie ich es meinen treulosen Freunden heimzahlen könnte, musste ich plötzlich an Irma denken. Wahrscheinlich hatte sie eine ähnliche Wut im Bauch, als sie von Nicole die Wahrheit über mich und Josch erfuhr. Mir ging es genauso.

Es war ungewöhnlich, dass Josch von sich aus anrief. Ich merkte gleich, dass er sich aufregte.

»Irma ist wahnsinnig geworden!«, sagte er und schnaufte entrüstet. »Sie will tatsächlich den Gemüsefritzen heiraten!«

Natürlich war ich platt. Aber wahrscheinlich steckte irgendein Deal dahinter, den wir nicht durchschauen konnten. Als ich kurz zuvor im Poesiealbum blätterte, hatte ich wieder mal das Gedicht vom Gemüsemann, beziehungsweise von Heinrich Heine, gelesen. Da hieß es: *Das Mädchen heiratet aus Ärger den ersten besten Mann, der ihr in den Weg gelaufen; der Jüngling ist übel dran.* Der schlaue Heine hatte es erfasst! Irma heiratete aus purem Ärger einen tauben, lahmen, uralten Opa. Im Gegensatz zu Josch fand ich diese News nicht bad, sondern ganz lustig. Aber dann kam der Hammer! Als Josch fast schon auflegen wollte, setzte er noch einen drauf: »By the way, der alte Soloth soll so glücklich sein, dass er plötzlich wieder hören kann.« Ein Wunder!

In der letzten Nacht lag ich lange wach. Warum sind Beziehungen immer so kompliziert! Ich fühle mich nicht mehr wohl in meiner Haut und möchte mich häuten wie eine Schlange. Ich möchte anders aussehen, mich anders anziehen, anders sprechen. Aus dem Bücherschrank meiner Eltern habe ich mir diesmal nicht Goethe, sondern Schiller herausgesucht. Die ledergebundenen Wälzer gehörten mal meinen Großeltern, ich glaube kaum, dass meine Eltern je darin gelesen haben. Pageturner sind die Klassiker jedenfalls nicht. Ich werde nun den Part der Maria Stuart auswendig lernen. Gleicht die Situation einer Gefangenen nicht meiner eigenen?

*Eilende Wolken! Segler der Lüfte!*
*Wer mit euch wanderte, mit euch schiffte!*
*Grüßet mir freundlich mein Jugendland!*
*Ich bin gefangen, ich bin in Banden,*
*Ach, ich hab' keinen andern Gesandten!*

An einem trostlosen Nachmittag riefen mich meine Eltern ins Wohnzimmer, Kaffee und Donuts standen auf dem Couchtisch. Ich ahnte nichts Gutes, mindestens aber eine Moralpredigt. Doch nach einem wohlwollenden Geplauder über meine versuchsweise hochgesteckten Haare ging es schnell ans Eingemachte: Ich soll empowert werden.

»Es ist zwar ziemlich teuer«, begann meine Mutter, »aber wenn es dich glücklich macht, würden wir es gern bezahlen. Schau dir mal an, was der Papa recherchiert hat.«

Mein Dad klappte den Laptop auf und zeigte mir ein steinernes Schloss, das aussah wie aus einem düsteren Märchenfilm.

»In diesem englischen Internat liegt der Schwerpunkt auf Musik und Theater«, sagte er. »Es ist natürlich eine andere Welt, als wir sie gewohnt sind. Die Schüler tragen Uniform und verzichten auf privaten Luxus. Es ist ein Tabu, mit dem finanziellen Hintergrund des Elternhauses zu protzen. Dafür lernt man astreines Oxford-Englisch und führt in jedem Halbjahr ein anderes Theaterstück auf. Es gibt nicht viele vergleichbare Möglichkeiten, um dich auf deinen zukünftigen Beruf vorzubereiten.« Und dabei klickte er auf die nächste Seite, die eine Gruppe von Teenagern zeigte.

Ich konnte erst einmal gar nichts sagen. Der Anblick von Gleichaltrigen in altmodischer Schulkleidung war gewöhnungsbedürftig. Weiße Poloshirts, dunkelblaue Blazer und Hosen, schwarze Schnürschuhe. Schon wieder wie im Film. Jetzt war ein Kommentar meiner Mutter fällig.

»Wenn alle das Gleiche tragen, kann es kein Mobbing wegen Äußerlichkeiten geben. Zur feinen englischen Art gehört Understatement. Es zählt also nicht der Geldbeutel, sondern wes Geistes Kind man ist. Für uns sehen diese Bilder ein wenig angestaubt aus, aber es steckt nicht nur Tradition, sondern auch Erfahrung dahinter. Übrigens proben sie in diesem Semester Shakespeares *Sommernachtstraum*.«

»Aber mein Englisch ist doch noch gar nicht …«, stotterte ich.

Mein Vater nickte verständnisvoll. »Natürlich gibt es Intensivsprachkurse für ausländische Schüler. Und bei den Aufführungen sind auch immer sogenannte stumme Rollen vorgesehen, bei denen es nur auf den körperlichen Einsatz, also Pantomime, ankommt. Abgesehen davon gibt es beim Theater auch noch Berufe wie Maskenbildnerin, Beleuchterin, Dekorateurin oder Bühnenbildnerin, wo es auf andere Fähigkeiten ankommt.«

»Das muss ich mir alles erst mal in Ruhe anschauen und darüber nachdenken«, sagte ich diplomatisch und ließ mir den Link schicken. »Wie teuer ist denn dieser Schuppen?«

»Für dich ist uns nichts zu teuer«, sagte mein Dad, und ich kam mir immer mehr wie in einem Kitschfilm vor. Mir fiel auch gleich ein passender Titel ein: *Trotzköpfchens Einsicht*, und ich musste kichern. Dann verzog ich mich in mein top aufgeräumtes Zimmer, um alle Details über das englische Internat zu erforschen.

Schließlich kam ich zu der Erkenntnis, dass eine Schule mit fadem Porridge und reichen Teenagern in hässlichen Uniformen bereits das reinste Theater war. Im Grunde war ich nicht abgeneigt, mich auf eine crazy neue Rolle einzulassen.

## 25
# Irma, die Künstlerin

Vinzent ist der Einzige, der einen Blick für hübsch angerichtetes Essen hat, Josch und meine anderen Mitarbeiter halten es für überflüssigen Luxus. »Ich erkenne bei Ihren Kombinationen eine hoch entwickelte Farbkultur. Sie sind eine famose Künstlerin«, sagte er gleich zu Beginn unserer Bekanntschaft. Mit diesem Satz hatte er mein Herz gewonnen. Oder besser gesagt: Endlich erkannte jemand, dass ich mehr bin als eine kleine dicke Köchin. Mit einem einzigen Satz hatte mich Vinzent sehr glücklich und auch selbstbewusster gemacht.

Aber muss ich ihn deswegen gleich heiraten? Im Grunde will ich doch keinen Opa pflegen, sondern wünsche mir einen toughen, gleichaltrigen Freund. Doch wie komme ich da wieder heraus! In einem sentimentalen und schwachen Moment habe ich dem alten Mann mein Versprechen gegeben, und nun will ich ihm auf keinen Fall wehtun. Ganz abgesehen davon hat er mir testamentarisch sein Haus vermacht, und diese noble Geste darf meinerseits nicht mit Undankbarkeit erwidert werden.

Vorsichtig habe ich ihm bereits zu verstehen gegeben, dass ich meine Wohnung auf keinen Fall aufgeben werde. Wenn ich an turbulenten Tagen zwischendurch mal todmüde werde, muss ich mich eine Viertelstunde hinlegen. Für solche Fälle ist es unverzichtbar, dass ich nur die Treppe hinaufgehe, um im Schlafzimmer zu landen. Er sah das völlig ein, legte aber größten Wert darauf, dass ich wenigstens die Nächte in seinem Haus verbringe. Der Grund dafür war ihm etwas peinlich – er hat Angst vor Einbrechern.

Anscheinend verfügt Vinzent über mehr Geld, als ich angenommen habe. Deswegen verstehe ich nicht, warum er nicht eine Haushälterin anstellt, die nicht nur zum Putzen kommt, sondern bei ihm wohnt. Oder hält er eine zupackende Ehefrau für die billigere Lösung? Nein, so schätze ich Vinzent nicht ein, er ist kein berechnender Mann.

Abgesehen davon habe ich ihm dringend empfohlen, sich ein Armband mit dem berühmten roten Knopf anzuschaffen. Aber er lächelte nur milde und behauptete, er komme mit der modernen Technik eines Hausnotrufs bestimmt nicht zurecht. Und er sei zu alt, um sich wie gewisse Angeber mit sprechenden Armbanduhren zu unterhalten.

»Aber ich kann doch nicht jede Minute neben dir stehen«, sagte ich. »Du könntest zum Beispiel stürzen und nicht wieder auf die Beine kommen! Um auf einen Knopf zu drücken, braucht man kein studierter Elektroniker zu sein …«

Er wolle darüber nachdenken, sagte er. Seine Söhne hätten sich schon längst darum kümmern müssen, finde ich. Aber sie leben in weiter Ferne und scheinen kein besonders inniges Verhältnis zu ihrem Vater zu haben. Hatte er ihnen testamentarisch nur den Pflichtteil zugedacht? Dann würde es Ärger geben, wenn ich das Elternhaus erbte.

Zum Glück geht Vinzent nach wie vor wieder nach Hause, wenn er zu Mittag gegessen hat. Es ist nicht weit, so dass er gut zu Fuß gehen kann – wie Hänschen klein, mit Stock und Hut auf Schusters Rappen, pflegt er zu sagen. Er braucht seine Siesta, das weiß ich. Wenn es hier stressig wird, ist er zum Glück nicht mehr da. Wahrscheinlich würde er sich ereifern, wenn er die seltsamen Wünsche meiner Gäste manchmal mitbekäme. Da bestellte doch neulich ein junger Mann einen Kürbis-Wrap ohne Kürbis, andere halten uns für ein Reformhaus und fordern Hafermilch mit Sauerkrautsaft oder einen Cabernet, den sie vor zehn Jahren in Australien kennengelernt haben. Es sind oft Leute, die sich wichtigmachen und verstärkte Aufmerksamkeit fordern. Die älteren Gäste sind im Allgemeinen konservativer, begnügen sich mit Standardgerichten wie dem beliebten Ofengemüse und schicken Josch nicht dreimal in den Keller, um einen speziellen Wein zu suchen. Das junge Volk will dagegen öfter mal etwas Neues ausprobieren und findet bereits Chili con Quinoa etwas langweilig. Es gibt auch manchmal Ärger, wenn wir für ein mutwillig zerbrochenes Weinglas fünf Euro verlangen. Deswegen ist es gut, dass Vinzent sich nicht aus purer Solidarität über solche Unstimmigkeiten ärgern muss. Andererseits ist er zu Hause völlig allein und fühlt sich einsam. Aber ist das nicht normal, wenn man die achtzig überschritten hat?

Mir kam es sehr gelegen, dass wir beim Standesamt keinen kurzfristigen Hochzeitstermin erhalten konnten. In einem halben Jahr kann noch viel geschehen, vielleicht kommen Vinzents Söhne endlich zu Besuch und reden dem Alten seine Schnapsidee wieder aus. Es könnte allerdings auch sein, dass sie hocherfreut sind, jegliche Verantwortung für das Wohl und Wehe ihres Vaters auf mich abwälzen zu können.

Vinzent ist ein Kavalier alter Schule. Seit wir verlobt sind – wie er sich ausdrückt –, bringt er mir kleine Aufmerksamkeiten aus dem eigenen Haushalt mit, das handgeschriebene Kochbuch seiner Mutter oder eine alte Meissener Salatschüssel mit Zwiebelmuster. Am meisten freute ich mich über ein silbernes Milchkännchen mit einem gebogenen Griff aus Ebenholz. Obwohl ich ungern Silber putze, war ich doch hingerissen von der Möglichkeit, das gute alte Stück als Vase einzusetzen. Je ein Paar rote, rosa, gelbe und weiße Rosen machten Vinzents Geschenk zu einem barocken Stillleben und mich zur Künstlerin. Seine Gaben sind immer eine große Freude für mich.

Weniger gefällt es mir allerdings, dass er sich jetzt häufiger hier einmischt. Er hat zum Beispiel auf eigene Faust einen Klavierstimmer bestellt, obwohl ich doch gar nicht möchte, dass der alte Klimperkasten wieder bespielt wird. Außerdem meckert er ständig über unsere Sprachgewohnheiten. Er tadelte mich sogar in Anwesenheit von Nicole und der Putzhilfe, als ich sagte, ich sei *super excited* über den Erfolg meiner neuen Kreation, eines Champignon-Gorgonzola-Auflaufs. Mein Englisch ist zwar von Haus aus etwas dürftig, aber durch Josch habe ich viel dazugelernt. Wenn ich mehr Zeit hätte, würde ich einen Kurs an der Volkshochschule belegen. Vinzent scheint es aber zu hassen, wenn man englische Ausdrücke ins Deutsche übernimmt. Er sagt *Casanova* statt Womanizer, *Stöckelschuhe* statt High Heels oder *Ohrwurm* statt Hit. Dank seiner Hörgeräte kann ich mich jetzt zwar besser mit ihm unterhalten, was aber auch dazu führt, dass er sich über jedes englische Wort ereifert.

Nicole war neugierig und wollte unbedingt wissen, was ich in jener Nacht mit einem Lustgreis erlebt hätte. Da sie sich nichts anderes als pikante oder lächerliche Szenen vorstellen kann, glaubte sie mir erst nach eidesstattlicher Versicherung, dass ich gut in einem hübschen Gästezimmer geschlafen habe und mir Vinzent noch nicht mal einen Gutenachtkuss gab. Bisher hat er mich tatsächlich nur auf den Handrücken und einmal auf die Stirn geküsst, er weiß wohl genau, dass unsere Beziehung weitgehend platonisch bleiben muss. Dabei halte ich noch nicht einmal ungern seine zierliche Hand mit den vielen dunkelbraunen Altersflecken oder streiche ihm sanft über den krummen Rücken. Mit Sexualität hat das aber nichts zu tun.

Es war auf die Dauer nicht zu verhindern, dass Josch wie eine nervöse Stubenfliege wieder in der Küche auftauchte. Als Neuestes will er wohl eine besonders coole Socke sein und trägt eine flache Männerhandtasche. Wahrscheinlich wollte er darauf angesprochen werden, aber ich hielt tunlichst den Mund.

Josch und ich drücken uns vorläufig beide um eine Aussprache, vermutlich hofft er, ich würde ihm mit der Zeit seinen Fehltritt vergeben oder einsehen, dass meine Eifersucht pathologisch ist, wie er findet. Auch ich weiß nicht genau, wie ich meine wütende Reaktion begründen soll, denn ich kann ihm ja nicht sagen, dass ich ihn im Grunde immer noch liebe. Nur Nicole durchschaut uns wohl beide, aber sie ist clever genug, den Mund zu halten.

Leider muss ich zugeben, dass uns Lucy fehlt. Sie begriff sofort, was am eiligsten zu tun war, sie war geschickt und meistens auch fröhlich. Vor allem hat sie viel und gern gelacht, was zu einem guten Betriebsklima führte. Andererseits finde ich es nach wie vor eine Geschmacklosigkeit, dass sie sich mit ihrer Affäre auch noch brüstete. Sicher, es gehören immer zwei dazu, und auf Josch bin ich ebenfalls stinksauer. Nun überlege ich, ob ich überhaupt noch mal so ein junges Ding und nicht eher ältere und möglichst hässliche Aushilfen anstellen sollte. Josch ist ein eitler Mann, er will angeschmachtet werden – aber bestimmt nicht von einer alten Schreckschraube. Dabei fällt mir die zahnlose Josefa ein, die in der Nachbarschaft wohnt und gern gelegentlich helfen würde. Noch besser wäre es, wenn ich kein weiteres weibliches Wesen beschäftige, sondern einen jungen Kerl, der mich – und nicht Josch – anhimmelt.

Immer wieder muss ich daran denken, dass ich irgendwann ein eigenes Haus besitzen werde. Was könnte ich damit anfangen? Verkaufen, vermieten oder selbst darin wohnen? Immerhin war es groß genug für eine vierköpfige Familie. Bisher hatte ich längst noch nicht alle Zimmer besichtigt, eigentlich nur den Wohnraum mit einem grün gestreiften Plüschsofa und zierlichen Biedermeiersesseln, das Gästezimmer und das Bad. Ein kleiner Garten gehört wohl auch dazu. Aufgefallen am sonst schmucklosen Gebäude waren mir bisher nur die grünen Fensterläden und der Erker, über dem im ersten Stock ein kleiner Balkon angebracht ist. Welchen materiellen Wert hatte heutzutage ein klassischer Altbau aus den dreißiger Jahren in einem gutbürgerlichen Viertel? War es vielleicht sogar ein Filetstück? Andererseits war bestimmt lange nichts mehr modernisiert und renoviert worden, was von alten Leuten in der Regel sowieso nicht erwartet wird.

Doch wer würde mich einmal beerben? Meine Eltern waren schon lange tot, Geschwister habe ich nicht, eigene Kinder leider auch nicht. Es ist sicher ungewöhnlich, in meinem Alter bereits ein Testament zu machen – und da ich bisher nichts zu vererben hatte, stellte sich diese Frage auch nicht. Erst wenn man Immobilien besitzt, sieht die Sache anders aus. Ich könnte plötzlich durch ein Unglück ums Leben kommen! Waren nicht gerade Unfälle im häuslichen Umfeld besonders häufig, vor allem aber in der Küche?

Mitten in die trüben Gedanken über meinen frühen Tod und die möglichen Erben kam mir ein altes Sprichwort in den Sinn: *Man soll das Fell des Bären nicht verteilen, bevor er erlegt ist.*

## 26
# Josch, der Lebensmensch

Fuck! Oberwahnsinn! Nicole hat mich nicht auf den Arm genommen, Irma will tatsächlich diesen dämlichen Tattergreis heiraten. Zwar war die zweite Nachricht, dass er vor lauter Glück wieder hören kann, etwas übertrieben, stimmt aber insofern doch, als sich der verschrobene Alte endlich ein Hörgerät zugelegt hat. Ich kann es kaum glauben und schon gar nicht verstehen, was Irma mit ihrem Plan bezweckt. Spekuliert sie etwa auf eine Witwenrente? Will sie sich an mir rächen? Wenn sie mich bloß ärgern will, dann ist ihr das gut gelungen. Bis jetzt war ich der einzig wichtige Mann an ihrer Seite, ihr Lebensmensch, wie sie mal sagte. Anscheinend habe ich in dieser Funktion ausgedient.

Über das Wort *Lebensmensch* muss ich nachdenken, es kann viel bedeuten. Auf jeden Fall sollte es eine wichtige Bezugsperson sein, etwa der Partner, Freund, ein Familienmitglied oder ein vergöttertes Vorbild. Bedeutet es aber auch, dass man keine anderen Götter haben darf? Mehr und mehr komme ich zu der Erkenntnis, dass Irma von mir etwas erwartet, was ich wohl kaum erfüllen kann: Sie will die einzige Göttin in meinem Leben bleiben. Wahrscheinlich möchte sie sich aus purem Trotz verheiraten, aber trotzig sind bloß kleine Kinder, und Irma ist eine gestandene Frau. Jedenfalls ist es ihr gelungen, mir das prickelnde Abenteuer mit Lucy gründlich zu verleiden.

Selbst ihr gegenüber, meiner jugendlichen Geliebten, habe ich nun ein schlechtes Gewissen. Lucy versucht dauernd, mich anzurufen, will mit mir durchbrennen, endlos mit mir reden. Auf einmal macht sie auf Bildung, liest Gedichte, Dramen oder Klassiker und gibt damit mächtig an. Gerade hat sie mir ein Goethe-Gedicht gemailt, in dem es heißt: *Dahin! Dahin, möcht' ich mit dir, o mein Geliebter, ziehn!* Bloß weil wir zusammen im Theater waren, glaubt sie nun, ich würde mich für alle ollen Kamellen begeistern. Sie hat anscheinend große Sehnsucht nach mir. Trotzdem werde ich sie auf keinen Fall zu Hause besuchen. Wenn ich bloß an die Szene im Elternschlafzimmer denke, fange ich wieder an, zu glühen wie eine Osrambirne. Sie wiederum darf sich hier im Restaurant nicht mehr blicken lassen, und ich wage es nicht, das Mädchen in meine Wohnung einzuschleusen. Falls Irma davon Wind bekäme, würde sie völlig durchdrehen.

Andererseits fühlte ich mich in jener Nacht mit Lucy so jung und leicht wie schon lange nicht mehr, die berühmten Schmetterlinge flatterten im Bauch – es war einfach wunderbar. Sie war auch die Einzige, die mich *Joschka* nannte wie meine verstorbene Mama. Ich erzählte ihr, dass es einen Politiker mit diesem Vornamen gab, der in die Geschichte der Bundesrepublik einging. Und zwar auch deswegen, weil er den Präsidenten des Bundestags mit den Worten abkanzelte: *Mit Verlaub, Sie sind ein Arschloch!* Lucy lachte herzlich, sie fand meinen Namensvetter einfach great.

Würde ich jetzt tatsächlich mit ihr durchbrennen wie in einem altmodischen Roman, was wäre dann? Vor zehn Jahren war ich noch ein Draufgänger, der sich frei und ungebunden in der Welt herumtrieb. Bin ich jetzt schon zu alt für ein Abenteuer? Zu feige für ein Risiko? Leider scheint es tatsächlich so zu sein, denn ich denke nur über die vielen Schattenseiten nach. Wenn man mit einer viel jüngeren Freundin unterwegs ist, übernimmt man logischerweise die Verantwortung. Die Schmetterlinge würden über kurz oder lang davonfliegen, meinen Job wäre ich los und ein gleichwertiger nicht in Sicht. Und Irma würde mich für immer und ewig verstoßen, vielleicht würde ich ihr sogar das Herz brechen.

Ach, Irma! Schon immer wusste ich, dass sie für ihre Kochkünste gelobt und bewundert werden will. Auf ihre originelle Kleidung als leibhaftige Aubergine legt sie großen Wert, und an ihren freien Tagen trägt sie gern lange Röcke in schlank machendem Schwarz und einen bunten Seidenschal. Auf dem Großmarkt hat sie einen rustikalen Fan, der ihr jede Woche ein paar unverkäufliche Blumen schenkt, den sie jedoch nicht ernst nimmt. Aber wird sie auch in unserem Lokal als begehrenswerte Frau wahrgenommen? Irma hat ein hübsches, pausbäckiges Gesicht, ihre großen Augen und die kleine Nase lösen bei fürsorglichen Mitmenschen sicherlich Beschützerinstinkte aus. Vielleicht sehnt sich Irma aber nach einer anderen Art der Anerkennung, nach Komplimenten nicht bloß für schmackhaftes Essen, nach einem Flirt, einer festen Beziehung oder gar nach dem Status einer verheirateten Frau? Dieser Wunsch scheint so übermächtig zu sein, dass sie sogar mit einem Auslaufmodell vorliebnehmen will.

Doch wie stellt sie sich die Ehe mit einem Tatterich eigentlich vor? Über kurz oder lang wird er zum Pflegefall, und Irma kann ihren Beruf als Superköchin vergessen. Ich müsste sie unbedingt warnen, aber das kriegt sie bestimmt wieder in den falschen Hals.

Vielleicht sollte ich den Alten mal so richtig bloßstellen, ja lächerlich machen, aber auch das würde Irma durchschauen und ihn erst recht verteidigen. Sie hält ihn leider für besonders gebildet, feingeistig und vornehm und glaubt, dass seine simple Denke durch die Taubheit zu erklären sei.

Richtig wäre es jedoch, seine beiden Söhne zu informieren. Sie sollten wissen, dass ihr Papa wohl unter Alzheimer leidet und eine viel jüngere Frau ehelichen will. Im Übrigen könnte es sein, dass der Silberrücken nicht zur Miete wohnt, sondern ein Eigenheim besitzt. Dann müssten die Söhne um ihr Erbe bangen und den Worst Case, nämlich die Heirat, verhindern. Im Grunde wäre es sogar meine Pflicht und ein Akt der Barmherzigkeit, wenn ich mindestens drei Menschen vor einem Desaster bewahren würde. Leider habe ich keine Ahnung, wo sich besagte Söhne aufhalten. Irma mag ich nicht danach fragen, Nicole meint, sie würden auf einem anderen Kontinent leben.

Im Grunde hat es mich immer stark belastet, ja ich hatte fast Gewissensbisse, wenn Irma unglücklich war. Meistens ist sie eine fidele Nudel, lacht auch über die dümmsten Veganerwitze, obwohl sie doch selbst zu dieser Kategorie gehört, und kann zwar hin und wieder wütend werden und ausrasten, ist aber selten traurig oder weint. Jedenfalls nicht in meiner Gegenwart. Einmal verlor sie allerdings völlig die Kontrolle und konnte nicht aufhören zu heulen. Der Grund dafür verfolgt mich bis heute.

Die Geschichte begann völlig banal: Eine junge Frau mit einem Kleinkind im Buggy kam am frühen Nachmittag bei uns vorbei, um für den nächsten Tag einen Tisch im Restaurant zu reservieren. Ich weiß noch, dass sie mit Nicole bekannt war und bei dieser Gelegenheit ihr Baby vorführen wollte. Mamas Liebling war allerdings müde, rieb sich die Äuglein, gähnte und mochte nicht auf Nicoles bescheuerte Anmache eingehen. Auch zwei Aushilfen standen herum, bewunderten das Kleidchen der Kleinen und wollten mit ebenso läppischen wie erfolglosen Versuchen anbändeln, nur Irma hielt sich zurück. Dem Kind wurde es aber bald zu viel, und es verzog das Gesicht. Ich sagte zu Nicole: »Today is not good cherry eating with her!«

Aber keine würdigte meinen Joke, denn das kleine Mädchen fing an zu weinen und streckte die Arme nicht etwa nach seiner Mutter aus, sondern nach Irma, die triumphierend grinste. Unverzüglich hob sie das Kind aus seiner Karre, nahm es auf den Arm und lief hinüber in die Küche. Das Geschrei hörte sofort auf. In ihrem ureigensten Reich trug Irma die Kleine von Kochtopf zu Kochtopf, hob hier und da einen Deckel hoch und ließ das Kind reinschauen und schnuppern. Beide waren mit dieser Aktion anscheinend hochzufrieden, während sich die junge Mutter wunderte und endlich nach Hause wollte. Als sie ihre Tochter kurz entschlossen wieder an sich nahm, ging die Sirene von Neuem los. Offensichtlich wollte die Kleine bei Irma bleiben, was von den Zuschauern bestaunt wurde, aber von der Kindsmutter natürlich nicht geduldet werden konnte.

Erst als die Besucher wieder fort waren, sah ich, dass sich Irma in die hinterste Ecke verkrochen hatte und nun ihrerseits bitterlich weinte.

»Was hast du?«, fragte ich.

»Genau das«, schluchzte sie. »Nämlich nichts! Ich habe nichts!«

Anfangs verstand ich nur Bahnhof, erst später ging mir auf, was sie damit meinte: Sie hatte kein eigenes Kind.

Dabei fiel mir noch eine andere Szene ein, bei der ich Irmas Empfindlichkeit nicht nachvollziehen konnte. Weil ich es lustig fand, brachte ich ihr irgendwann einen Sticker mit, auf dem ein berühmter Ausspruch von Monty Python etwas abgewandelt wurde: MAKE SOUP NOT LOVE. Ich dachte, sie würde sich ebenso wie ich amüsieren und den Aufkleber an die Küchentür heften. Aber nein, Bullshit! Sie sah mich groß an und war beleidigt. Später fischte ich mein Geschenk aus dem Mülleimer und übergab es Nicole. Die war aber von Irma bereits indoktriniert worden und sagte bloß: »You can me crosswise!« Und dabei hatte ich immer angenommen, die beiden Frauen hätten Humor.

Ihre unverständliche Reaktion erkläre ich mir inzwischen so, dass Irma nicht bloß Suppe kochen will, sondern viel Liebe braucht. Wahrscheinlich ist sie als Kind zu kurz gekommen. Aber ich hatte ihre Gekränktheit damals nicht richtig interpretiert, sondern für hormonell bedingte schlechte Laune gehalten.

Es soll Paare geben, die in einer offenen Beziehung leben und keine Probleme damit haben. Sie einigen sich auf das Motto *Don't ask, don't tell.* Andere können die Affäre ihres Partners nie verzeihen. Irma scheint zur zweiten Kategorie zu gehören, obwohl sie ja überhaupt keinen Anspruch auf meine Treue erheben kann. Wir sind kein Liebes- und schon gar kein Ehepaar, aber sie benimmt sich leider so. Andererseits muss ich zugeben, dass es auch mir überhaupt nicht schmeckt, dass sie jetzt diesen alten Knacker heiraten will. Leider redet sie aber immer noch nicht mit mir, so dass wir beide Nicole als Zuträgerin und Dolmetscherin einsetzen müssen. Allerdings ist Nicole alles andere als eine geborene Diplomatin, sondern eher eine Intrigantin. Es ist durchaus möglich, dass sie mit einer gewissen Häme für Eskalation sorgt.

Aber immerhin habe ich von Nicole erfahren, dass ich die Söhne des Gemüsemanns nicht zu informieren brauche. Einer von den beiden wird demnächst hier auftauchen und seinen Vater mit Sicherheit ins Gebet nehmen oder sogar entmündigen lassen. Es gibt zuweilen auch gute Nachrichten.

27

# Vinzent ruft an

Es gehört sich so, dass man seine nächsten Angehörigen über wichtige Veränderungen informiert. Irgendwann musste es sein, schließlich bin ich kein feiger Hund und habe auch keinen Grund, meinen Entschluss zu verheimlichen. Auch wenn man alt ist, darf man sich aus Bequemlichkeit keinem Schlendrian hingeben oder gar als Lama gelten. Ich nahm all meinen Mut zusammen und rief meinen älteren Sohn an.

»Schön, dass du dich meldest, Dad!«, sagte Paul. »Sicher willst du deiner Enkelin zum Geburtstag gratulieren! Gerade habe ich mit ihr über meine eigene Kindheit gesprochen. Unsere Tochter wünschte sich zwar einen Hund, aber nun ist sie mit ihrem Meerschweinchen sehr glücklich. Ich habe ihr erzählt, dass ich früher auch eines hatte, weißt du noch? Es war mokkafarben und hatte den Namen Zimtstern …«

»Schön, schön«, sagte ich. »Daran kann ich mich leider nicht mehr erinnern. Wie heißt das Kind?«

»Unsere Jüngste ist heute sechs Jahre alt geworden und heißt Ava. Das Meerschweinchen hat sie Honey getauft. – Aber Dad, deswegen rufst du doch sicher nicht an!«

»Junge, es gibt tatsächlich einen erfreulichen Grund! Ich werde demnächst heiraten. Na, was sagst du nun?«

Schweigen. In meinem Hörgerät dröhnende Stille.

»Natürlich seid ihr alle zu meiner Hochzeit eingeladen …«

»Ja, dann herzlichen Glückwunsch, Dad! Wer ist denn die Auserwählte? Aber lass mich raten: Es ist sicher Mamas Freundin Hildegard, die vor ein paar Jahren Witwe geworden ist …«

»Nein, du kennst sie nicht. Es ist die Köchin eines vegetarischen Restaurants. Du erinnerst dich sicher noch an den Gasthof *Zum Hirschen* in unserer Nachbarschaft, als Kind hat dir das mächtige Geweih über dem Eingang sehr imponiert. Das Lokal heißt jetzt *Aubergine*, Irma ist dort die Chefin.«

»Wie alt?«

»So um die vierzig.«

Wieder eine längere Pause. Warum sagte mein Sohn immer bloß Dad zu mir und nicht Papa!

»Also jünger als ich! Dad, hast du dir das gut

überlegt? An deiner Stelle würde ich sehr vorsichtig sein. Ich will dir dein Glück ja nicht madig machen, aber gutgläubige alte Menschen werden häufig reingelegt. Du schaust dir doch seit Jahren diese Sendungen an, in denen Senioren vor Betrügern gewarnt werden. Hast du deiner Köchin etwa von deinen Immobilien erzählt?«

Tief gekränkt über das Misstrauen meines Sohnes, verschlug es mir erst einmal die Sprache. Als ich mich wieder im Griff hatte, setzte ich erneut an: »Wenn du so über Irma urteilst, ohne sie überhaupt zu kennen, dann bist du ein Mensch ohne Herz und Verstand. Meine Braut ist die Güte in Person, in ihrer Warmherzigkeit gleicht sie ganz deiner verstorbenen Mutter.«

»Daddy, ich habe es doch nur gut gemeint! Du bist sicherlich sehr einsam, ich habe diesbezüglich fast ein schlechtes Gewissen. Hast du schon mit Chris gesprochen? Was meint er dazu? Aber der hat wohl gerade ganz andere Sorgen.«

»Deinen Bruder wollte ich als Nächstes anrufen. Aber wenn er ebenso denkt wie du, dann kann ich nicht umhin, auf euren Besuch zu verzichten.«

»Weißt du was, Dad, seit Mamas Beerdigung war ich nicht mehr in Deutschland. Ich komme nicht erst zur Hochzeit, sondern bereits nächste Woche, denn ich muss sowieso nach London. Dann kann ich deine Köchin kennenlernen und meine Vorurteile beruhigt zu den Akten legen. Einverstanden?«

Es klang ein wenig so, als würde ein Pädagoge beschwörend auf einen uneinsichtigen Schüler einreden. Doch was blieb mir anderes übrig, als Ja und Amen zu sagen, dann rief ich Christoph an. Mein zweiter Sohn hatte anscheinend weniger Bedenken und wünschte mir viel Glück. Immerhin fragte er noch nach dem Hochzeitstermin, der ja erst in ein paar Monaten sein würde. Christoph wusste sofort, dass seine Kinder zu diesem Zeitpunkt keine Ferien hätten und er keinen Urlaub bekäme.

»Es ist wahnsinnig schade, aber ihr müsst leider ohne uns feiern«, sagte er. »Rachel hatte kürzlich eine Krebs-OP.«

Ich war bestürzt. »Schlimm? Musste die Brust entfernt werden?«, fragte ich.

»Nein, es handelt sich um einen *ovarian cancer*, ich weiß nicht, wie es auf Deutsch heißt«, sagte Christoph, und sein Tonfall klang auf einmal gereizt. »Seit wann interessiert es dich, wie es meiner Frau geht?«

Wieder mal Vorwürfe. Als Nächstes kam bestimmt mein angeblich latenter Antiamerikanismus aufs Tapet. Ich wünschte alles Gute für meine Schwiegertochter und beendete das Gespräch so rasch wie möglich mit drei kläglichen Worten: *Gehab dich wohl!*

Nur schwach konnte ich mich an die erkrankte Rachel erinnern, an ihre rote Brille und ihr glattes, rabenschwarzes Haar. Ihre Altvorderen stammten wahrscheinlich aus Asien. Wie viele Enkel hatte ich eigentlich? Von jedem Sohn zwei oder doch schon drei? Und wie hießen sie? Die Jüngste war anscheinend eine Ava, wohl ein typisch amerikanischer Name. Beschämt suchte ich die Fotos heraus, die man mir an Weihnachten geschickt hatte, betrachtete sie mit gerunzelter Stirn und versuchte, mir exotische Vornamen wie Ethan und Owen zu merken, Christophs Sprössling Harper schien ein Mädchen zu sein. Wenn Paul hier eintraf, wollte ich mir auf keinen Fall eine Blöße geben.

Als Teenager las meine verstorbene Frau mit Begeisterung die alten Karl-May-Romane ihres Vaters. Außerdem sah sie im Kino mehrmals einen bildgewaltigen Edelwestern mit ihrem Lieblingsschauspieler Gregory Peck, ich glaube, er hieß *Weites Land*. Seitdem schwärmte sie für den Wilden Westen und hat noch als alte Frau lieber einen Film mit Pferden und Cowboys angeschaut als eine Liebesromanze. Schon früh hatte sie unsere Knaben mit ihrer Leidenschaft angesteckt, was ich anfangs nur mit einem Lächeln quittierte. Ich fand endlose Ritte durch die Prärie bloß stumpfsinnig und für edle Rothäute am Marterpfahl und prügelnde Cowboys im Saloon hatte ich schon gar nichts übrig. Als unsere Söhne klein waren, hielt ich es noch für verzeihbar, dass sie sich gemeinsam mit ihrer Mama für das Land der unbegrenzten Möglichkeiten interessierten, und nahm es nicht weiter ernst. Aber später machte ich meiner Frau bittere Vorwürfe, weil beide Jungs gleich nach dem Abitur zum Studieren in die USA gingen. Wir haben uns sogar richtig gestritten, aber da war es schon zu spät, und nun reden meine Söhne sogar in ihrer Muttersprache mit einem befremdlichen Akzent. Beide besitzen einen amerikanischen Pass, es sei ihnen wichtig, in ihrer neuen Heimat wahlberechtigt zu sein. Für welche Partei sie sich entscheiden, weiß ich nicht, aber ich traue ihnen alles zu. Mit den jungen Amis, meinen Enkelkindern, habe ich eigentlich gar keinen Kontakt, sie sprechen einen unverständlichen Jargon, sehen befremdlich aus und mögen mich wahrscheinlich nicht.

Eigentlich hatte ich immer nur dann Differenzen mit meiner Frau, wenn es um die Kinder ging. Kaum lebten unsere Söhne in den Vereinigten Staaten, da belegte sie einen Kurs in der Volkshochschule, um ihr Schulenglisch zu verbessern, ja es blieb nicht bei einem Semester, ihr Lerneifer ließ noch nach Jahren nicht nach. Regelmäßig flog sie nach Amerika, um Kinder und Enkel zu besuchen, während ich mich ärgerte und standhaft weigerte. Um ehrlich zu sein, war der Grund nicht nur meine Aversion gegen dieses Land und seine Bewohner, sondern auch eine gewisse Angst und Scham, weil ich dort weder sprechen noch etwas von ihrem hässlichen Idiom verstehen könnte und wie ein alter Depp mitleidig belächelt würde. Dabei bin ich der Einzige in der Familie, der einen Doktortitel hat.

Bisher hatte ich Irma nicht viel von meiner Jugend, meinem Beruf und meinem Leben en famille erzählt. Auf keinen Fall sollte sie eifersüchtig auf meine erste Frau werden und den Eindruck erhalten, ich würde meine Verlobte ständig mit einem unerreichbaren Idealbild vergleichen. Vielleicht war es ratsam, die gerahmten Fotos der Verstorbenen vorläufig wegzuräumen. Gesagt, getan, in der Schublade mit den Kinder- und Enkelfotos war noch genug Platz.

Aber Irma wusste schließlich, auf was sie sich einließ: dass sie einen Mann mit einem langen Vorleben heiraten würde. Hoffentlich fühlte sie sich geehrt und freute sich, dass mein ältester Sohn eine weite Reise auf sich nahm, nur um sie kennenzulernen. Das bedeutete doch, dass sie in ihrer neuen Familie willkommen war. Pauls Bedenken würde ich ihr natürlich verschweigen, um nicht von vornherein für böses Blut zu sorgen. Sobald Paul meine liebe Irma kennengelernt hatte, würde er sich für seinen aus der Luft gegriffenen Verdacht schämen müssen.

Wenn ich an meinen Erstgeborenen denke, dann fallen mir zuerst seine frühen musikalischen Erfolge ein. Ich war sehr stolz darauf, dass mein Sohn mit Leidenschaft Klavier spielte und bereits im Grundschulalter Mozart und Bach favorisierte. Später war er Mitglied im Schulorchester, und ich zahlte gern für den Unterricht in weiteren Instrumenten, ich glaube, es waren Orgel und Querflöte. Insgeheim hegte ich die Hoffnung, dass ihm eine Laufbahn als international gefeierter Dirigent bevorstand. Umso enttäuschter war ich, als er nach einem Streit mit seiner Klavierlehrerin von heute auf morgen nicht mehr übte und mit etwa sechzehn Jahren ganz aufhörte, sich mit klassischer Musik zu beschäftigen. Als ob das nicht schon bitter genug gewesen wäre, begann er auch noch, amerikanisches Gedudel in einer Lautstärke zu hören, dass ich ständig Krach mit ihm bekam. Ob ich ihm nicht nur meine beschädigte Seele, sondern sogar den sukzessiven Gehörverlust zu verdanken habe? Gleich nach dem Abitur hat er uns verlassen, um in den USA Informatik zu studieren. Wie war es bloß zu dieser traurigen Entfremdung gekommen? Ich haderte mit meiner Frau und Gregory Peck.

Im Gegensatz zu Paul, unserem Ältesten, ist mein jüngerer Sohn Christoph durch seine Heirat spirituell geworden – oder wie immer ich das nennen soll, wenn man ein Yogi ist. Ich kann damit nichts anfangen und vermeide es tunlichst, über fernöstliche Ideologien zu reden. In meiner eigenen Jugend kannte ich einen zerlumpten Anhänger der Hippiebewegung, aber ich weiß nicht einmal, ob es die sogenannten Blumenkinder heute noch gibt und ob mein Sohn am Ende ein Nachfolger ist. Rein optisch macht er auf dem Weihnachtsfoto einen gepflegten Eindruck, was ich immerhin als gutes Zeichen bewerte. Als Kind war er ein Tagträumer, seine Stärke lag eigentlich im sozialen Bereich, so dass ich mich über seine spätere Berufswahl als Programmierer sehr wundern musste. Ob sich die Brüder gut verstehen und oft sehen? Als Kinder lebten sie eher in verschiedenen Welten.

Ein bisschen habe ich Angst vor Pauls Besuch. Am liebsten wäre es mir, wenn Irma wenigstens an diesen Tagen hier wohnen würde. Meine Frau hatte nach dem Auszug unserer Söhne dafür gesorgt, dass die früheren Kinderzimmer modernisiert und für Gäste umfunktioniert wurden. Auch im Dachgeschoss hatte sie die ehemalige Dienstmädchenkammer ausbauen und für den Besuch der Enkelkinder herrichten lassen. Seit dem Ableben meiner Frau blieben diese Räume ungenutzt, denn ich wusste nicht, wen ich überhaupt einladen sollte. Meine Freunde aus der Jugendzeit leben fast alle nicht mehr, und Freund Hein braucht kein Zimmer und wird mich hoffentlich noch lange nicht heimsuchen. Einzig Irma hat ein einziges Mal im Gästezimmer übernachtet. Ich werde sie bitten, dass sie nächste Woche nachts und am frühen Morgen hier ist, um Paul kennenzulernen und mich in meiner neuen Rolle als Gastgeber ein wenig zu unterstützen.

## 28
## Irmas Hirsch

Als ich damals das Gasthaus *Zum Hirschen* übernahm und sofort umtaufte, wollte ich auch das riesige Geweih über dem Eingang entfernen lassen, aber es hing nicht bloß locker an einem Haken, sondern leistete wehrhaften Widerstand. Josch hatte die gute Idee, das antike Denkmal fleischbetonter Küche ein wenig zu verfremden und lächerlich zu machen, nämlich durch eine originelle Dekoration. Zur Eröffnung baumelten Auberginen an den Spitzen des Geweihs, zu Ostern waren es dann bunte Eier, an Weihnachten natürlich viel Lametta. Getrocknete Rosen, Luftballons oder Maiskolben machen sich auch gut. Eine Weile hing sogar das Plastikgemüse, das Vinzent klein schneiden wollte, an allen sechzehn Enden. Aber ich werde mir sicher noch etwas Besonderes einfallen lassen. Leider kann ich den Hirschen nicht persönlich schmücken, denn ich bin selbst auf der obersten Stufe der Stehleiter immer noch ein gutes Stück zu klein. Als ich es zum ersten Mal versuchte, wurde ich von einer Horde vorbeiziehender Schulkinder ausgelacht oder, wie Josch sich ausdrückte: geroasted. Als ellenlanger Mann hat er kein Problem mit der Höhe. Von meinem gelehrten Bräutigam weiß ich, dass in grauer Vorzeit der Hirsch als Symbol der Fruchtbarkeit und Männlichkeit verehrt wurde. Deswegen betrachtet Josch den König des Waldes wohl als Kollegen und schmückt ihn mit Hingabe. Auch aus derart simplen Gründen bin ich auf den langen Josch immer wieder angewiesen.

Natürlich war ich ein wenig erschrocken, als Vinzent mir den Besuch seines Sohnes ankündigte. Er tat so, als ob besagter Paul unverzüglich aus den Staaten einfliegen wollte, nur um mich kennenzulernen. Da beide Söhne wohl nicht das beste Verhältnis zu ihrem Vater haben und anscheinend lange nicht mehr hier waren, ist mir diese plötzliche Reise nicht ganz geheuer. Möglicherweise will Paul seinem Papa die Heirat ausreden, denn es ist ja bekannt, dass Kinder nicht gerade begeistert sind, wenn die geliebte Mutter ersetzt wird. Ich würde wiederum zur Stiefmutter, die noch nie einen guten Ruf hatte und was auch nie mein Ziel war. Abgesehen davon sind Vinzents Söhne älter als ich, und wie alt seine Enkel sind, konnte er mir noch nicht mal sagen.

Nun, vielleicht schafft es Paul ja, den Vater von seinen Plänen abzubringen, ohne dass ich mit meiner Verweigerung dem alten Mann wehtun müsste. So gesehen sollte ich mich freuen und auf ein Happy End hoffen. Vielleicht ergibt sich sogar die Gelegenheit, mit Paul unter vier Augen zu reden und mit ihm zu kooperieren.

Nach reiflichem Überlegen hatte ich eingewilligt, während Pauls Anwesenheit bei Vinzent zu übernachten und zu frühstücken. Weil der Gast an meinem freien Montag erwartet wurde, wollte ich zum Abendessen eintreffen, einen Auberginenauflauf mitbringen und in Vinzents Backofen schieben. Ob sein Sohn immer noch ein Fleischfresser war, wusste sein Vater nicht, meinte aber, die Amis seien bestimmt nicht so umweltbewusst wie wir. Es schien mir so, als ob wir uns beide aufregten, wenn auch aus unterschiedlichen Gründen.

Eigentlich ist Nicole seit meiner Kindheit die Einzige, mit der ich über fast alle meine Sorgen sprechen kann. Aber ich hatte immer eine gewisse Scheu, mich über mein Liebesleben auszulassen, selbst bei ihr. Sie ist eine Frau, die schon mit vielen Männern geschlafen hat, während ich das reinste Waisenkind dagegen bin. Sie hält mich für wahnsinnig, dass ich Vinzent die Ehe versprochen habe.

»Was hast du denn davon?«, fragte sie. »Ich verstehe es einfach nicht! Weder Sex noch Kohle sind zu erwarten, weder Abenteuer noch sozialer Aufstieg! Die Zeiten sind lange vorbei, als man die Ehefrauen noch mit Frau Doktor ansprach.«

Ich blieb stumm, weil sie recht hatte. Doch sie fuhr fort: »Oder gibt es da irgendeinen Trick oder Deal wegen einer Witwenrente? Hast du vielleicht finstere Pläne, über die du lieber nicht sprechen willst? Man könnte seine geliebten Reisbällchen einfach ein bisschen anreichern, zum Beispiel mit Rattengift, ein letzter Gruß aus der Küche …«

»Halt die Klappe«, fuhr ich sie an. »Du würdest mich doch nicht verstehen. Ich habe es ihm nun mal versprochen, basta.«

Nicole hat ebenso wenig wie ich vor, unsere Freundschaft aufs Spiel zu setzen, also sagt sie nichts mehr, aber ich weiß trotzdem, was sie denkt. Ich bin mir auch nicht sicher, ob sie mit Josch über mich spricht, aber im Allgemeinen verhält sich Nicole durchaus loyal. Ich traue ihr sogar zu, dass sie das benötigte Rattengift für mich besorgen würde. Eine schaurige Idee, noch dazu ziemlich doof, denn der Mord könnte mir problemlos nachgewiesen werden. Abgesehen davon mag ich den alten Mann sehr gern und würde ihm nie im Leben etwas antun.

Schließlich war es so weit, und ich lernte Paul kennen. Zwar war er nicht so groß wie Josch, aber er überragte seinen Vater um mehr als eine Haupteslänge. Im Übrigen sah er gut aus, noch volle braune Haare, lässige Kleidung und regelmäßige Züge, insgesamt allerdings etwas verschwitzt, zerknautscht und müde. Jetlag, wie er erklärte. Wir musterten uns gegenseitig mit höflicher Distanz. Trotzdem war es für ihn wohl selbstverständlich, dass wir uns duzten. Meine Reisetasche hatte ich schon vor der Begrüßung ins Gästezimmer gebracht, es sollte ja so aussehen, als würde ich bereits hier wohnen. Als Nächstes begab ich mich in die Küche und schob die Parmigiana di Melanzane in den Ofen.

»Musst du keine Zeit einstellen?«, fragte Vinzent. Ich schüttelte den Kopf. »Brauche ich nie, aber selbst du könntest am Duft feststellen, wann das Essen fertig ist. Übrigens habe ich Rotwein mitgebracht, er steht auf der Anrichte.«

Dann ging es ins Wohnzimmer, wo ich mich mit Paul unterhalten sollte; an einen Aperitif hatte unser Gastgeber allerdings nicht gedacht. Ich war befangen, Paul anscheinend auch. Wir sprachen über das Wetter, das aber gerade an diesem Tag nicht viel hergab.

Vinzent wollte uns offensichtlich allein lassen, denn er deckte eigenhändig den großen Tisch im benachbarten Esszimmer. Ich konnte mir denken, wie unbeholfen er sich dabei wohl anstellte, aber in der guten Absicht, vor seinem Sohn und mir als zupackender moderner Mann und nicht als Pascha dazustehen.

»O Wunder, mein Vater will tatsächlich den Tisch decken! Er hat mir auch erzählt, dass er euch beim Gemüseschneiden hilft«, sagte Paul. »Das kann ich mir eigentlich kaum vorstellen, er hat sich sein Leben lang vor der Hausarbeit gedrückt.«

Fragend sah er mich an. Ich lächelte. »Dein Vater hat in meinem Lokal eine Beschäftigungstherapie entdeckt, die ihm sichtlich Spaß macht. Auf diese Weise ist er nicht allein zu Hause und fühlt sich außerdem noch nützlich. Natürlich ist er keine große Hilfe, aber Kleinvieh macht auch Mist.«

Bei meinem letzten Satz hätte ich mir am liebsten auf die Zunge gebissen, denn er entsprach erstens nicht der Wahrheit, zweitens war er respektlos und unverschämt. Ich versuchte zu retten, was noch zu retten war.

»Entschuldigung, das war nur ein Joke. Tatsächlich unterstützt uns dein Vater nach Kräften, und er darf sich bei der Arbeit alle Zeit der Welt nehmen. Meine Mitarbeiter und ich schätzen und mögen ihn sehr.«

»Okay, das verstehe ich ja«, sagte Paul und fixierte mich etwas ratlos. »Aber ist eine Heirat bei einem so großen Altersunterschied nicht ziemlich gewagt?«

»Er wünscht es sich so sehr«, sagte ich leise. »Dein Vater ist einsam und blühte bei uns auf. Doch ich teile deine Bedenken durchaus, will ihn aber auf keinen Fall mit einer Weigerung vor den Kopf stoßen.«

»Verstehe ich das richtig – du willst ihn gar nicht unbedingt heiraten?«, fragte Paul. »Sorry, dass ich so direkt frage, denn mit dem deutschen Rentenrecht kenne ich mich leider gar nicht aus. Bringt dir denn diese Heirat einen Vorteil, ich meine, in materieller Hinsicht?«

»Darum ging es mir nie. Ich habe es einfach nicht übers Herz gebracht, seinen Antrag abzulehnen, was ich inzwischen längst bereue. Denn eines will ich ja vermeiden: ihn zu enttäuschen oder gar zu verletzen.«

*»You must finish what you start*, wie sagt man das auf Deutsch? Ach ja, *wer A sagt, muss auch B sagen*. Oder noch besser: Dann musst du wohl oder übel in den sauren Apfel beißen und für unseren Vater sorgen. Wir Brüder sind dann aus dem Schneider«, sagte Paul und grinste stolz über seine Wortgewandtheit. »Ich sehe leider keine Möglichkeit für eine elegante diplomatische Lösung. Aber vielleicht

könntest du ja behaupten, du seist noch nicht geschieden …«

»Geht nicht, beim Standesamt wurden bereits alle nötigen Papiere überprüft.«

»Nun, vielleicht fällt mir heute Nacht noch etwas ein. Ich bin rechtschaffen müde und möchte mich bald zurückziehen, werde aber bestimmt zur falschen Zeit wieder aufwachen. Morgen will ich dann in aller Ruhe mit meinem Vater reden. – Übrigens habe ich Hunger, aus der Küche duftet es verführerisch …«

Kurz darauf begaben wir uns zum Essen. Es schmeckte unserem Gast anscheinend gut, er füllte seinen Teller zum zweiten Mal. Vinzent strahlte. Es war rührend, wie er versuchte, seinem Sohn das italienische Rezept mit allen Zutaten gewissenhaft und umständlich zu erläutern. »Die Mittelmeerküche ist erwiesenermaßen die gesündeste«, belehrte er seinen Sohn.

Paul lächelte. »Wenn man dich so hört, Papa, würde man kaum glauben, dass du früher einen großen Bogen um die Küche gemacht hast. Inzwischen hast du dich anscheinend zum Kochprofi entwickelt!«

»Das verdanke ich alles meiner lieben Irma«, sagte Vinzent. »Deine Mutter hat zwar auch gut gekocht, aber besonders innovativ war sie nicht. Irma hat mir die Augen geöffnet – besser gesagt den Gaumen –, etwa für natives Olivenöl oder neue, mir unbekannte Gerichte. Inzwischen liebe ich sogar Knoblauch, wie findest du das?«

Paul sagte: »Ganz großartig, Papa! In deinem hohen Alter machst du tatsächlich noch umwerfend neue Erfahrungen!«

»Du brauchst gar nicht zu spotten«, meinte Vinzent. »Ich verdanke Irma so viel! Und deswegen habe ich ihr mein Haus vermacht.«

Paul verschluckte sich. Erst sah er mich an, dann seinen Vater, schließlich sagte er: »Papa, bevor du zum Notar gehst, sollten wir in Ruhe über deinen Nachlass reden. Wir finden sicher eine Lösung, die für alle Teile befriedigend ist.«

»Ist alles schon in trockenen Tüchern«, sagte der Alte. »Irma kriegt das Haus, ihr bekommt die Villa in Oberursel.«

Paul hatte plötzlich Mühe, sich zu beherrschen. Das Blut stieg ihm ins Gesicht, die Unterlippe zittert, er setzte zu einer Entgegnung an und brach wieder ab.

Dann wandte er sich an mich: »So läuft das also, allmählich rieche ich den Braten! Es musste doch einen Grund geben, meinem senilen Vater schöne Augen zu machen!«

Mit diesen Worten sprang er auf, warf das Glas um und die Serviette auf den Boden und sagte: »Ich muss mich jetzt erst mal beruhigen und hinlegen. Wir sprechen uns noch …«

Er verließ uns. Vinzent sah mich fassungslos an: »Was hat er nur?« fragte er.

»Jetlag«, sagte ich.

## 29
## Josch ist ratlos

Sollte ich traurig oder erleichtert sein? Lucy hatte mich angerufen und mir mitgeteilt, dass sie demnächst mit ihren Eltern nach England fliege und in einem piekfeinen Internat angemeldet werde. Sauteuer, sagte sie, halb angeberisch, halb verächtlich. Bald werde sie piekfeines Englisch sprechen, viel besser als mein Touristenslang. Aber vor allem werde sie Theater spielen.

»Ein bisschen verdanke ich es auch dir, dass ich jetzt weiß, was ich werden will! Nachdem wir zusammen Goethes *Faust* gesehen haben, wurde es mir nämlich klar. Ich werde Schauspielerin, und zwar nicht irgendein bescheuertes Kinostarlet. Ich möchte mal die Hauptrolle auf einer richtigen Bühne vor großem Publikum spielen!«

Meine Zweifel, ob die Theater-AG einer englischen Schule bereits die erste Stufe einer großen Karriere wäre, behielt ich für mich. Ihr Selbstbewusstsein und ihr jugendlicher Optimismus waren beneidenswert. Die zu erwartende Ernüchterung würde sie wegstecken und mit neuen Plänen starten. Also wünschte ich ihr viel Glück.

Sollten wir uns vorher noch einmal treffen? Ich fragte mehr oder weniger aus Höflichkeit. Die stolze Lucy ließ sich ihre Enttäuschung über meinen Rückzieher nicht anmerken, sondern triumphierte durch eine eiskalte Absage. Sie habe keine Zeit für ein Date, denn sie sei mit der Vorbereitung auf die Reise voll beschäftigt. Einen liebevollen Abschied hatte ich zwar vergeigt, aber mir war es trotz einer gewissen Wehmut letzten Endes recht. Weinende Teenager oder Frauen gingen mir schon immer auf die Eier, machten mich wehrlos und verursachten im schlimmsten Fall Schuldgefühle und schlaflose Nächte.

Irgendetwas musste passiert sein. Von Nicole wusste ich, dass Irma beim Gemüsemann übernachtet hatte und am heutigen Dienstag von dort aus zum Großmarkt fahren wollte. Inzwischen hätte sie längst zurück sein müssen. Nicole war schon oben in der Wohnung gewesen und hatte unsere Starköchin dort nicht angetroffen, auch ihr Auto stand nicht vor der Tür. Am Handy meldete sie sich sowieso nicht. Wir konnten es uns nicht erklären.

»Das ist einfach nicht ihre Art«, sagte Nicole. »Selbst wenn Irma müde wird und sich kurz mal hinlegt, ist sie schnell wieder unten in der Küche. Irma ist immer zuverlässig, besonders wenn es um ihr Restaurant geht. Und jetzt? Keiner hier, der die grünen Bohnen schneidet, Irma nicht da mit frischem Salat! Außerdem wollte sie den heutigen Ablauf mit mir besprechen – was soll ich bloß machen? Ob sie mit dem alten Lustgreis gesoffen hat und stockbetrunken ist?«

»Niemals!«, sagte ich. »Zu einem gepflegten Essen trinkt Irma zwar hin und wieder einen Spitzenwein, aber höchstens zwei Gläser. Das müsstest du doch am besten wissen! Vielleicht hat der Blumen-Fred mit seinen Verführungsversuchen endlich Erfolg gehabt und knutscht mit Irma auf einer Bank am Main.«

»Quatsch, Irma war überhaupt nicht auf dem Markt! Wenn sie nämlich eingekauft hat, kommt sie sofort zurück, um die Ware in die Kühlkammer zu bringen. Soll ich einfach mal in die Beethovenstraße rübergehen und mich erkundigen?«, fragte Nicole, anscheinend ebenso neugierig wie besorgt. Wir beschlossen, noch bis zum Nachmittag zu warten.

Gegen vierzehn Uhr hörten wir den nahenden Firmenwagen und eilten ans Fenster. Irma stieg aus, schloss nicht ab, rannte ins Haus und direkt auf uns zu. Sie trug nicht ihre Alltagskleidung, sondern hatte sich so fein gemacht, als wollte sie als Plus-Size-Kandidatin auftreten.

»Irmas Style ist einfach geil«, reimte Nicole, schlug sich aber sofort auf den Mund, als sie den besorgniserregenden Zustand ihrer Freundin erkannte.

»Wir können heute nicht öffnen!«, stammelte Irma. »Kümmert euch bitte um einen Hinweis an der Tür!«

»Warum? Bist du krank? Was ist los?«, fragte Nicole und packte sie am Ärmel.

»Lasst mich in Ruhe!«, brüllte Irma, riss sich los und stürmte die Treppe hinauf in ihre Wohnung.

»Die hat uns einfach abfahren lassen«, meinte Nicole und sah mich kopfschüttelnd an. Doch sie war eine folgsame Mitarbeiterin, fand das passende Schild nicht sofort, holte die Tafel für das aktuelle Menü aus dem Restaurant und schrieb mit quietschender Kreide:

HEUTE GESCHLOSSEN

Ausnahmsweise konnte ich keinen Schreibfehler entdecken und hängte Nicoles Werk an einem Saugnapf vor die Eingangstür.

»Aber es gibt bereits fünf Reservierungen«, erinnerte sich Nicole. Ich versprach, die betreffenden Gäste anzurufen, und versuchte es vergeblich.

Gemeinsam rätselten wir, warum Irma so aufgelöst war. Nicole wusste, dass der Sohn des Gemüsemanns erwartet wurde – vielleicht war es zu einer heftigen Auseinandersetzung gekommen.

»Ich kann mir gut vorstellen, dass der Sohn es einfach scheiße findet, wenn sein Papa noch mal heiratet. Vielleicht hat er Irma vermöbelt!«

»Nicole, in diesem Fall liegst du daneben. Die Söhne sind bestimmt heilfroh, wenn sie die Verantwortung für ihren Vater abgeben können. Abgesehen davon weiß sich Irma gut zu wehren, sie kann mit einer Bratpfanne draufhauen wie andere mit einem Baseballschläger. Ich glaube eher, dass man sie in ihrer Ehre gekränkt hat.«

Nachdem wir Kaffee getrunken, abwechselnd draußen geraucht und drinnen beraten hatten, fasste sich Nicole ein Herz und lief die Treppe hinauf. Nach wenigen Minuten kam sie wieder herunter.

»Sie hat abgeschlossen und reagiert nicht«, jammerte sie. »Sollen wir die Tür aufbrechen? Vielleicht hat sie sich etwas angetan …«

Seltsamerweise steckte mich Nicole mit ihren Ängsten an, obwohl ich mir sicher war, dass Irma noch nie unter Depressionen gelitten hatte. Aber

Kurzschlusshandlungen waren leider nicht vorhersehbar.

»Mit mir redet sie ja nicht mehr, ich versuche es aber trotzdem«, sagte ich. Schließlich war ich der Hahn im Korb und ließ mir nicht von zwei hysterischen Hühnern auf der Nase herumtanzen.

Entschlossen ging ich nach oben, hämmerte und klopfte so heftig wie möglich und brüllte: »Mach sofort auf, sonst trete ich die Tür ein!«

Es verging kaum eine Minute, da wurde schon aufgeschlossen, und eine tränenüberströmte Irma fiel mir um den Hals. Seltsamerweise roch sie nicht wie sonst nach Zitrone oder Salbei, sondern nach *Miss Dior* wie in längst vergangenen Zeiten. Es gab mir einen Stich, weil sie sich anscheinend für den Besuch bei ihrem Zukünftigen nicht nur mit der Kleidung viel Mühe gegeben hatte. Eng an mich herangezogen führte ich sie behutsam ins Schlafzimmer und wollte sie wie eine Schwerkranke dort aufbahren. Aber sie krallte sich weiter an mich und schluchzte, was das Zeug hielt.

»Was hat man dir angetan?«, fragte ich, inzwischen ernsthaft besorgt.

»Er ist tot!«, schluchzte sie.

»Wer?«

»Vinzent! Und ich bin schuld!«

Ich muss einen Arzt holen, dachte ich, sie tickt nicht mehr richtig, sie dreht durch! Irma braucht jetzt eine Spritze oder Pille, aber anscheinend brauchte sie vor allem mich. Ich war plötzlich wieder ihr Lebensmensch. Einerseits spürte ich, wie dringend mein Beistand benötigt wurde, andererseits fühlte ich mich überfordert, weil mir ihr Unglück viel zu naheging. Mit sanfter Gewalt befreite ich mich aus ihrer Umklammerung, bettete sie auf ihre bunt gemusterte Decke und holte ein Glas Wasser. Irma setzte sich sofort wieder auf und trank wie eine Verdurstende.

»Habt ihr das Schild aufgehängt?«, schniefte sie. »Man muss noch ergänzen: Heute wegen Trauerfall geschlossen!«

»Zu Befehl. Viel wichtiger ist, dass du mir jetzt erzählst, was heute oder gestern geschehen ist.«

Nach und nach bekam ich alles zu hören. Paul, der Sohn des Gemüsemanns, hatte sich anscheinend über das Testament seines Vaters so entrüstet, dass er mitten in der Nacht wieder aufstand und ins benachbarte Schlafzimmer lief, um seinen Vater zur Rechenschaft zu ziehen und Irma als Erbschleicherin anzuprangern. Und so erfuhr ich, dass Irma das Haus des alten Mannes erhalten sollte und Paul diese Tatsache für ein abgekartetes Spiel hielt.

Irgendwann sah der Sohn aber wohl ein, dass er den falschen Zeitpunkt für ein vernünftiges Gespräch gewählt hatte, verließ seinen Vater wieder und legte sich erneut ins Bett.

»Nach dem peinlichen Ende des Abendessens fühlte ich mich erniedrigt und wäre am liebsten nach Hause gefahren. Aber ich war viel zu müde und ging sofort in mein Zimmer«, sagte Irma. »Ich hatte schon tief geschlafen, als ich wieder geweckt wurde. Vinzent saß schwer atmend auf meiner Bettkante und packte mich etwas unsanft am Arm. Natürlich reagierte ich nicht gerade freundlich. Als er dann noch fragte, ob er sich neben mich legen dürfe, verlor ich völlig die Beherrschung.«

»Um Gottes willen! Hast du ihn etwa erwürgt oder erschlagen?«, fragte ich fassungslos.

»Spinnst du? Natürlich nicht! Aber ich habe ihm deutlich zu verstehen gegeben, dass dies kein Doppelbett sei und er sich auf der Stelle verziehen solle. Daraufhin fing er an zu jammern: Gerade sei er von seinem eigenen Sohn heftig angegangen worden, das habe er nicht verkraftet. Jetzt gehe es ihm plötzlich sehr schlecht, geradezu miserabel, und er brauche meine Nähe und Hilfe. – Aber jeder kennt es, wenn man aus dem Tiefschlaf gerissen wird, ist man nicht besonders einfühlsam und will bloß in Ruhe gelassen werden.«

Das konnte ich zwar gut verstehen, aber deswegen musste man einen Störenfried doch nicht gleich umbringen! Andererseits hatte ich Irma wohl unterschätzt, denn sie konnte sehr wohl überreagieren. In ihrem Zorn hatte sie Lucy geohrfeigt, eine Gitarre gebraten und auch mir gelegentlich ihre Krallen gezeigt.

»Wir finden sicher einen guten Anwalt. Man könnte vielleicht Notwehr geltend machen«, sagte ich und strich Irma über die heiße Stirn, wobei mir selbst eiskalt wurde. »Wo hast du so plötzlich eine Waffe herbekommen? War es ein Küchenmesser?«

»Josch, was redest du denn schon wieder für einen Unsinn! Ich habe Vinzent kein Härchen gekrümmt, aber ich habe ihn mit barschen Worten fortgeschickt. Das war sicher sein Todesurteil.«

Die Abfolge war mir immer noch nicht klar. Schrittweise erfuhr ich, dass Paul mit schlechtem Gewissen seinen Papa am nächsten Morgen zum Frühstück holen wollte – das Irma in aller Eile vorbereitet hatte – und seinen Vater leblos im Schlafzimmer vorfand. Der Notarzt konnte nichts mehr ausrichten und vermutete einen Herzinfarkt. Da er den Verstorbenen aber nicht gekannt hatte, wollte er keine eindeutige Diagnose bescheinigen. Stattdessen kreuzte er auf dem Formular an: *Ungeklärte Ursache.*

Irma musste erneut weinen. »Erst als der Arzt fortgefahren war, warf mir Paul den eiskalten Mord an seinem Vater vor. Ich hätte verhindern wollen, dass Vinzent sein altes Testament beim Notar für nichtig erklärte, um ein neues zugunsten seiner Söhne aufzusetzen. Aus Angst, das versprochene Haus doch nicht zu erben, hätte ich keine Zeit verloren und seinen Vater beseitigt. Da ich für das Abendessen gesorgt hatte, wäre eine Vergiftung sicherlich kein Problem für mich gewesen ...«

»Nein, Irma«, unterbrach ich sie, »das ist völlig unlogisch! Ihr habt schließlich alle drei von deinem Auflauf gegessen, und außerdem konntest du doch im Voraus gar nicht wissen, dass der Gemüsemann seinen Sohn noch an diesem Abend über die geplante Erbschaft informieren würde!«

»Klar, so ähnlich habe ich auch argumentiert. Aber Paul hatte wohl selbst ein schlechtes Gewissen, weil er seinen Vater in jener Nacht emotional aufgewühlt, bedrängt und mit Vorwürfen attackiert hatte. Jedenfalls sucht er nun die Schuld bei mir. Er untersagte mir, wie geplant zum Großmarkt zu fahren – ich müsse bleiben, bis einige Punkte geklärt wären. Dann rief er beim Notar seines Vaters an und erfuhr, dass bei unklarer Todesursache ein Anhaltspunkt für Fremdverschulden ausgeschlossen werden und der Tote zur Obduktion an das rechtsmedizinische Institut weitergeleitet werden müsse. Als Nächstes rief er bei der Polizei an, und ich musste warten, bis ein Beamter von der Kripo kam, der erst mit Paul, dann mit mir sprach und meine Personalien aufnahm. Die Reste meiner Parmigiana wurden konfisziert, die Leiche wurde zur Obduktion überführt. Erst nach Stunden konnte ich gehen. Den Hausschlüssel musste ich abgeben. Es war so was von demütigend! Ich hasse diesen Paul!«

Bei diesen Worten musste Irma wieder Rotz und Wasser heulen. Anscheinend war sie der festen Meinung, dass sie in jener Nacht schuldig geworden war, weil sie den bedrohlichen Gesundheitszustand des alten Mannes nicht erkannt hatte. Wenn sie gleich einen Arzt gerufen und man den Patienten sofort ins Krankenhaus gebracht hätte, wäre Vinzent bestimmt noch zu retten gewesen. Ich konnte ihre Schuldgefühle zwar nachvollziehen, aber irgendwann löste ich mich behutsam aus ihren Armen und wollte aufstehen. Mein T-Shirt war inzwischen patschnass von ihren Tränen.

»Lass mich bitte nicht allein!«, flehte Irma.

Aber schließlich musste auch Nicole endlich wissen, was Sache war. Sie wartete sicher angespannt auf eine Nachricht und hatte ein Recht darauf, endlich nach Hause zu dürfen. In aller Eile wechselte ich dann wieder von unten nach oben, um die verzweifelte Irma zu trösten.

Es war bestimmt nicht so von mir geplant, aber ich blieb die ganze Nacht bei ihr. Und die Versöhnung tat uns beiden gut.

30

## Irma erbt

Zum Glück konnte Paul nicht lange in seinem ehemaligen Elternhaus bleiben, denn er musste einen wichtigen Geschäftstermin in London wahrnehmen. Allerdings telefonierte er erst wieder mit mir, als der Forensiker den natürlichen Tod seines Vaters festgestellt hatte. Auslöser für den Herzinfarkt war wahrscheinlich emotionaler Stress. Entschuldigt hat sich Paul bis heute nicht.

Das Haus in der Beethovenstraße blieb vorläufig verschlossen, auch Vinzents Haushaltshilfe musste ihre Schlüssel abgeben. Offensichtlich befürchtete Paul, während seiner Abwesenheit würde das gesamte Inventar seines Vaters von uns entwendet.

Zur Hochzeit ihres Papas war es nicht mehr gekommen, doch die Söhne hätten wahrscheinlich sowieso nicht daran teilgenommen. Nun waren beide wohl zum letzten Mal in ihrer früheren Heimat eingetroffen, um Abschied zu nehmen. Kurz vor Vinzents Beerdigung lernte ich auch seinen jüngeren Sohn Christoph kennen, der sich zum Glück als freundlich und kooperativ erwies. Da es seiner Frau Rachel anscheinend wieder besser ging, konnte er sich Zeit nehmen. Er hatte eine kleine Gedenkfeier in der Friedhofskapelle organisiert und war damit einverstanden, dass ich am Grab für eine musikalische Einlage auf Vinzents uraltem Kassettenrekorder sorgte. Ein Schubert-Lied sollte es sein, ich entschied mich natürlich für *Trockene Blumen.* Die wenigen Trauergäste brachen fast alle in Tränen aus, als ich bei der ersten Strophe mit beiden Händen frisch gepflückte Blüten in die Grube streute.

*Ihr Blümlein alle,*
*Die sie mir gab,*
*Euch soll man legen*
*Mit mir ins Grab.*

Bei der Verlesung des Testaments gab es keine Einwände, denn der Notar hatte den Söhnen bereits im Vorfeld erklärt, dass ihr Vater im Vollbesitz seiner geistigen Kräfte gewesen war. Niemand konnte mit einer Klage verhindern, dass ich die Besitzerin des Einfamilienhauses wurde. Die Söhne wunderten sich allerdings, dass eine gewisse Lucy die silberne Taschenuhr ihres Vaters erhalten sollte. Auch die langjährige Haushaltshilfe war mit einer angemessenen Geldsumme bedacht worden.

Es gab nur wenige persönliche oder nostalgische Gegenstände aus dem Haushalt ihres Vaters, die Paul und Christoph mitnehmen wollten, sie bevorzugten sehr kleine Objekte wie die gesammelten Dosen und Kästchen ihrer Mutter. Zu meiner Erleichterung kümmerte sich Christoph und nicht sein älterer Bruder um den Nachlass. Nachdem wertvolle Gegenstände wie der Konzertflügel und die meisten Möbel von Händlern abtransportiert waren, durfte ich mir nach Belieben ein paar Erinnerungsstücke aussuchen, bevor eine Firma die kommerzielle Entrümpelung übernehmen wollte. Die Bibliothek sollte an ein Antiquariat gehen.

Inzwischen hatte ich den Hausschlüssel zurückerhalten. Josch und Nicole begleiteten mich, als wir zu einer Razzia in die Beethovenstraße aufbrachen. Ich muss gestehen, dass es nicht bei ein paar dekorativen oder nützlichen Dingen blieb. Anscheinend hatte Paul zwar alle Familienfotos mitgenommen, nicht aber die leeren Rähmchen. Erfreut steckte ich die Beute in meinen größten Einkaufskorb und stellte mir vor, wie hübsch sich meine Food-Aquarelle darin ausnehmen würden. Nicole war scharf auf einen marmornen Aschenbecher, der anscheinend lange nicht benutzt worden war und aus längst vergangenen Zeiten stammte. Josch suchte sich mehrere Kriminalromane heraus, pfiff dabei vor sich hin und schien bester Laune zu sein. Und so kramten wir munter weiter und sackten ein. Aber den größten Reibach machte ich in der Küche, weil ich die silbernen Bestecke für wertvoll und edel erachtete und nicht verstand, warum man sie nicht verkauft hatte. Dabei blieb es aber nicht, wir fuhren noch ein zweites Mal mit dem Wagen vor, weil wir gar nicht alles schleppen konnten.

Schließlich stießen wir mit Vinzents Sektgläsern auf den Verstorbenen an. Nicole und Josch versicherten, dass es ihnen im Nachhinein sehr leidtue, ständig über den alten Mann gelästert zu haben. Doch der Champagner wollte mir nicht schmecken, wohl weil der Grund für unsere Plünderung eigentlich ein trauriger war.

Was sollte ich letzten Endes mit dem Haus anfangen? Verkaufen, vermieten oder selbst bewohnen? Ich wusste es nicht.

»Wenn du es vermieten willst, müsstest du erst mal einen Haufen Kohle reinstecken«, sagte die praktische Nicole. »Aber leider hast du kein Bargeld geerbt. An diesem Haus ist einfach seit Jahren nichts renoviert worden. Man müsste mal einen Architekten fragen …«

»Aber Pi mal Daumen funktioniert noch alles«,

sagte ich. »Ich werde es am besten sofort verkaufen, dann soll sich der nächste Besitzer mit der Modernisierung herumplagen. Mit dem Erlös könnte ich unser Restaurant auf Vordermann bringen.«

Die letzten Wochen waren anstrengend gewesen, obwohl Josch mich nach Kräften unterstützte. Neue Hilfskräfte mussten angeleitet werden, die Auseinandersetzung mit Paul hatte mich psychisch belastet, und die zahlreichen Behördengänge kosteten Zeit, während mein Restaurant zwar glücklicherweise gut besucht wurde, aber auf keinen Fall vernachlässigt werden durfte. Mir ging es nicht gut, ich war chronisch müde und erschöpft und musste mich mehrmals übergeben. Anscheinend vertrug ich auf einmal keine Austernpilze.

»Wenn ich es nicht besser wüsste, würde ich sagen, du bist schwanger«, sagte Nicole und betrachtete mich nachdenklich. »Bei mir fing es immer genauso an. Aber du hast ja geschworen, dass du keinen Sex mit dem Lama hattest. Oder ist es dir zu peinlich, um es zuzugeben?«

»Du hattest schon immer eine lebhafte Fantasie«, sagte ich. »Ich tippe leider aufs Klimakterium, obwohl es noch zu früh dafür ist. Aber bei meiner Mutter ging es auch schon mit Anfang vierzig los.«

Zwei Wochen später brachte Nicole einen

Schwangerschaftstest mit. »Ich lasse mich nicht von dir verarschen«, sagte sie. »Es soll Männer geben, die noch mit hundert ein Kind gezeugt haben.«

Ungern ließ ich mich darauf ein, doch inzwischen hatte ich selbst einen konkreten Verdacht. Kurz darauf kam die Wahrheit ans Licht: Ich war tatsächlich schwanger. Und kein anderer kam als Vater infrage als Josch.

Nicole machte große Augen. »Oh my God! Josch als Papa? Kann ich mir einfach nicht vorstellen!«, meinte sie. »Aber willst du überhaupt ein Kind? Noch kann man es wegmachen …«

»Auf keinen Fall!«, sagte ich. »Aber bevor es Josch erfährt, werde ich mich von meiner Ärztin untersuchen lassen.«

Die Gynäkologin übergab mir die Aufnahmen der Sonografie. »Sie sind in der zwölften Woche«, sagte sie. »Sieht alles sehr gut aus, wollen Sie wissen, ob es ein Junge oder ein Mädchen wird? Oder wollen wir noch warten, bis es ganz sicher ist?«

»Ich weiß es sowieso«, sagte ich. »Es wird ein Junge, und er soll Vinzent heißen.«

»Ich fürchte, da müssen Sie sich einen anderen Namen ausdenken. Im Übrigen klingt *Vincenza* viel melodischer.«

Am nächsten Morgen wartete ich, bis Nicole draußen rauchte und Josch allein im Restaurant saß und wie immer Kaffee trank. Als ich mich neben ihn setzte, ließ er leicht verwundert die Zeitung sinken.

»Was gibt's?«, fragte er.

Wortlos legte ich das Ultraschallbild vor ihn auf den Tisch. Er blickte kurz darauf und sah mich verständnislos an. Nach meiner kurzen, möglichst sachlichen Erklärung konnte er immer noch kein Wort herausbringen, sondern starrte mich an wie ein Mondkalb.

Schließlich fragte er sehr leise: »Bin ich wirklich der Vater? Hundertprozentig?«

Ich nickte. Dann schwiegen wir beide und wussten nicht recht, wie es weitergehen sollte.

Nach einer gefühlten Ewigkeit kam es immer noch nicht zu einer filmreifen *action scene*, aber Josch stand auf. »Das muss ich erst verdauen«, sagte er. »Ich dreh mal 'ne Runde um den Block!« Und weg war er. Ob er sich jetzt aus dem Staub macht und auf Nimmerwiedersehen verschwindet?, fragte ich mich beunruhigt. Aber es gab Arbeit, ich musste wieder in die Küche zurück. Nicole konnte anscheinend Gedanken lesen, denn sie fragte sofort: »Wie hat er es aufgenommen?«

Ich zuckte mit den Achseln, ich hätte es ja auch gern gewusst.

Josch kam erst nach drei Stunden zurück, mit Sicherheit hatte er etwas anderes als Kaffee getrunken. Er wirkte heiter und gelöst und roch nach Schnaps. Als er zu mir an den heißen Herd trat, schien er die neugierige Nicole völlig zu übersehen. Er zog mich an sich und begann, so geschwollen zu reden, dass ich überhaupt nichts verstand.

»Die Bilanz meiner intensiven Überlegungen ist ein positives Mindset, denn ich bin risiko-affin!«

»Wie bitte?«, unterbrach ich ihn. Josch grinste.

»Du darfst das geerbte Haus auf keinen Fall verkaufen! Es hat Platz für uns beide und einen Garten für unser Kind.«

Ich ließ die Suppenkelle fallen, wir küssten uns und konnten langsam anfangen, uns zu freuen. Als wir nach weiteren Wochen wussten, dass wir mit Sicherheit eine Tochter bekamen, schmückte Josch das Hirschgeweih mit rosa Bändern, Schnullern und Babyschühchen. In Gedanken richtete ich bereits ein knallbuntes Kinderzimmer in unserem neuen Haus ein. Nicole wollte nur zu gern Joschs Mansarde übernehmen und ihre faulen Söhne aus Mamas Hotel vertreiben. Allmählich wurden unsere Pläne immer konkreter. Insgeheim hoffte ich sogar, dass der bereits gebuchte Hochzeitstermin auch mit meinem neuen Partner möglich war.

Aber über den Namen müssen wir wohl noch

lange grübeln. Ich will keine Lucy und der werdende Papa keine Vincenza. Inzwischen kann ich mich mit dem Vornamen von Joschs angeblich wunderschöner blonder, längst verstorbener Mutter durchaus anfreunden: Dorothea.

Oft muss ich voller Dankbarkeit an Vinzent denken, weil er mir – und nicht seinen Söhnen – das schöne Haus vermacht hat. Außerdem bin ich erst durch seinen Tod zu einem immer dicker werdenden Bauch gekommen. Josch hat in Vinzents Haus einen Wälzer über altsteinzeitliche Fruchtbarkeitsfiguren gefunden und nennt mich jetzt spaßeshalber *Venus von Willendorf.* Auch über meinen Spitznamen *Kugel* werde ich mich in den nächsten Monaten nicht mehr ärgern, sondern freuen. Unsere Tochter wird durch die Mischung unserer Gene sicherlich die idealen Proportionen haben, auch im Ultraschall sieht alles perfekt aus. Josch neckt mich aber ganz gern und prophezeit uns eine spannenlange und zugleich nudeldicke Dirn

# Zitatnachweis

S. 16: *Spannenlanger Hansel, nudeldicke Dirn.* Illustriert von Johanna Sengler. Parabel Verlag, München 1969

S. 48: August Kopisch, *Die Heinzelmännchen von Köln.* Alfred Hahn's Verlag, Esslingen 2001

S. 58 f.: *Supp', Gemüs' und Fleisch.* Ein Kochbuch für bürgerliche Haushaltungen. Verlag Georg Lange, Darmstadt 1847

S. 91: Heinrich Heine, *Buch der Lieder.* Hoffmann und Campe, 1903

S. 94 f.: The Beatles. Aus dem Album *Sgt. Pepper's Lonely Hearts Club Band.* 1967. Autoren: John Lennon / Paul McCartney

S. 108: *Kinder- und Hausmärchen der Gebrüder Grimm.* Band 1. Manesse Verlag, Zürich 1970

S. 149: Goethe, Johann Wolfgang: *Faust. Der Tragödie Erster und Zweiter Teil.* Philipp Reclam jun. GmbH & Co. KG, Stuttgart

S. 172 f. und 294: Aus: *Die schöne Müllerin.* Liederzyklus von Franz Schubert. Text von Wilhelm Müller. LP 1962 mit Dietrich Fischer-Dieskau und Gerald Moore

S. 239: Schiller, Friedrich: *Maria Stuart.* Schillers sämtli-

che Werke in zwölf Bänden. Mit einer Einleitung von Albert Ludwig. Hesse & Becker, Leipzig 1910
S. 253: Goethe, Johann Wolfgang von: *Wilhelm Meisters Lehrjahre.* Goethes Werke. Hamburger Ausgabe in 14 Bänden, Band 7. C.H. Beck Verlag, München 1998